Prophéties

Nostradamus

1555

texte original et intégral en
ancien français

© 2024, Nostradamus (domaine public)
Édition : BoD · Books on Demand GmbH, In de Tarpen 42, 22848 Norderstedt (Allemagne)
Impression : Libri Plureos GmbH, Friedensallee 273, 22763 Hamburg (Allemagne)
ISBN : 978-2-3225-3527-9
Dépôt légal : Novembre 2024

Préfaces de M. Nostradamus à ses prophéties

Ad Cœsarem Nostradamum filium
vie et félicité

Ton tard avènement Cesar Nostredame, mon fils, m'a fait mettre mon long temps par continuelles vigilations nocturnes reférer par escript, toy délaisser mémoire, après la corporelle extinction de ton progéniteur, au commun profit des humains de ce que la divine essence par Astronomiques révolutions m'ont donné cognoissance. & depuis qu'il a pleu au Dieu immortel que tu ne sois venu en naturelle lumière dans ceste terriene plaige, & ne veulx dire les ans qui ne sont encores accompaignés, mais tes moys Martiaux incapables à recevoir dans ton débile entendement ce que je seray contrainct après mes jours desiner : vu qu'il n'est possible te laisser par escript ce que seroit par l'injure du temps oblitéré; car la parolle héréditaire de l'occulte prédiction sera dans mon estomac incluse; consydérant aussi les adventures de l'humain désinement estre incertaines, & que tout est régi & guberné par la puissance de Dieu inextimable, nous inspirant non par bacchante fureur ne par Iymphatique mouvement mais par astronomiques assertions, Soli numine divino afflati prœsagiunt et spiritu prophetico particularia. Combien que de long temps par plusieurs foys j'aye predict long temps auparavant ce que depuis est advenu & en particulieres régions, attribuant le tout estre faict par la vertu & inspiration divine & autres félices & sinistres adventures de accélerée promptitude prononcées que depuis sont advenues par les climats du monde - ayant voulu taire & délaisser pour cause de l'injure du temps présent, mais aussi de la plus grande part du futur, de mettre par escript pour ce que les regnes, sectes & religions feront changes si opposites, voyre au respect du present diametralement, que si je venais à referer ce qu'à l'advenir sera, ceux de regne, secte, religion & foy trouveroient si mal accordant à leur fantaisie auriculaire qu'ils viendroient à damner ce que par les siècles advenir on cognoistra estre veu & apperceu. Consydérant aussi la sentance du vray Sauveur, Nolite sanctum dare canibus, nec mittatis margaritas ante porcos ne conculcent pedibus et conversi dirumpant vos, qui a esté cause de faire retirer ma langue au populaire & la plume au papier : puis me suis voulu estendre déclarant pour le commun advènement par obstruses & perplexes sentences les causes futures, mesme les plus urgentes & celles que j'ay apperceu, quelque humaine mutation que advienne ne scandalisez l'auriculaire fragilité, & le tout escript sous figure nubileuse, plus que du tout prophétique : - combien que, Abscondisti haec a sapientibus et prudentibus, id est potentibus et regibus et eunucleasti ea exiguis et tenuibus, & aux Prophetes par le moyen de Dieu immortel & des bons anges ceu l'esprit de vaticination par lequel ils voyent les causes loingtaines viennent a prévoyr les futurs advènements car rien ne se peut parachever sans luy - auxquels si grande est la puissance & la bonté aux subjects que pendant qu'ils demeurent en eulx, toutesfois aux aultres effects subjects pour la similitude & la cause du bon Genius, celle chaleur & puissance vaticinatrice s'approche de nous : comme il nous advient des rayons du soleil, qui se viennent jettans leurs influences aux corps elementeres & non elementeres. - Quant à nous qui sommes humains ne pouvons rien de nostre naturelle cognoissance et inclination d'engin, cognoistre des secretz obtruses de Dieu le createur, Quia non est nostrum noscere tempora nec momenta, etc. Combien que de présent peuvent advenir & estre personnaiges que Dieu le créateur aye voulu reveler par imaginatives impressions, quelques secretz de l'advenir accordés à l'astrologie judicielle comme du passe, que certaine puissance et volontaire faculté venoit par eulx , comme flambe de feu apparoir, que luy inspirant on venoit à juger les divines & humaines inspirations. Car les œuvres divines, que totalement sont absolues, Dieu les vient parachever : la moyenne qui est au milieu, les anges; la troisième, les mauvais. - Mais, mon filz, je te parle icy un peu trop obstrusement; mais quant aux occultes vaticinations que l'on vient à recevoyr par le subtil esprit du feu qui quelque foys par l'entendement agité contemplant le plus hault des astres, comme estant vigilant, mesme que aux prononciations estant surprins escripts prononceant sans crainte moins attaint d'inverecunde loquacité : mais à quoy ? tout procedoit de la puissance divine du grand Dieu éternel, de qui toute bonté procède. - Encores, mon filz, que j'aye insere le nom de prophète, je ne me veulx attribuer tiltre de si haulte sublimite pour le temps présent : car qui Propheta dicitur hodie, olim vocabatur videns; car prophète proprement, mon filz, est celuy qui voit choses loingtaines de la cognoissance naturelle de toute créature. - & cas advenant que le prophète moyennant la parfaicte lumière de la prophètie lui apaire manifestement des choses divines, comme humaines : que ne ce peult fayre, veu les effects de la future prediction s'estandant au loing. - Car les secretz de Dieu sont incomprehensibles & la vertu effectrice, contingent de longue estendue de la cognoissance naturelle, prenant son plus prochain origine du libéral arbitre, fait apparoir les causes qui d'elles mesmes ne peuvent acquérir celle notice pour estre cognues ne par les humains augures, ne par aultre cognoissance ou vertu occulte comprinse soubz la concavité du ciel, mesme du faict présent de la totale éternité que vient en soy embrasser tout le temps. - Mais moyennant quelque indivisible éternité par comitiale agitation Hiraclienne, les causes par le celeste mouvement sont cognuës. - Je ne dis pas, mon fils afin que bien l'entendes, que la cognoissance de ceste matière ne se peult encores imprimer dans ton debile cerveau, que les causes futures bien loingtaines ne soient à la cognoissance de la créature raisonnable : si sont nonobstant bonement la créature de l'Eme intellectuelle, des causes presentes loingtaines ne luy sont du tout ne trop occultes ne trop referées : - Mais la parfaicte des causes notice ne se peult aquerir sans celle divine inspiration : veu que toute inspiration prophetique reçoit prenant son principal principe mouvant de Dieu le créateur, puis de l'heur & de nature. - Par quoy estant les causes indifférantes, indifferentement produictes & non produictes, le présage partie advient ou a este prédict. - Car l'entendement créé intellectuellement ne peult voyr occultement, sinon par la voix faicte au Iymbe moyennant la exiguë flamme en quelle partie les causes futures se viendront à incliner. - & aussi, mon filz, je te supplie que jamais tu ne veuilles emploier ton entendement à telles resveries & vanités qui seichent le corps & mettent à perdition l'Eme, donnant trouble au foyble sens : mesme la vanité de la plus qu'exécrable magie reprouvée jadis par les sacrées escriptures & par les divins canons : - au chef duquel est excepté le jugement de l'astrologie judicielle : par laquelle & moyennant inspiration & révelation divine, par continuelles veilles & supputations, avons nos prophéties rédigées par escript. - & combien que cette occulte Philosophie ne fusse reprouvée, n'ay onques voulu présenter leurs effrenées persuasions : - Combien que plusieurs volumes qui ont esté cachés par longs siècles me sont esté manifestés. Mais doutant ce qui adviendroit en ay faict, après lecture, présent à Vulcan, que pendant qu'il les venoit à dévorer, la flamme leschant l'air rendoit une clarté insolite, plus claire que naturelle flamme, comme lumière de feu de clystre fulgurant, illuminant subit la malson, comme si elle fust esté en subite conflagration. - Parquoy aflin que a l'advenir ni feusses abusé perscrutant la parfaicte transformation tant selme que solaire, & soubz terre metaux incorruptibles, & aux undes occultes, les ay en cendres convertis. - Mais quant au jugement qui se vient parachever moyennant le jugement celeste cela te veux-je manifester : parquoy avoir cognoissance des causes futures. rejectant loing les fantastiques imaginations qui adviendront, limitant la particularité des lieux par divine inspiration supernaturelle, accordant aux celeste figures, les lieux & une partie du temps de propriéte occulte par vertu, puissance & faculte divine : en présence de laquelle les trois temps sont comprins par éternité, révolution tenant à la cause passée, présente & future: quia omnia sunt nuda et aperta, etc. Parquoy, mon filz, tu peulx facilement nonobstant ton tendre cerveau, comprendre que les choses qui doivent advenir se peuvent prophetizer par les nocturnes et celestes lumières que sont naturelles & par l'esprit de prophétie : non que je me veuille attribuer nomination ni effect prophétique, mais par révélée inspiration, comme homme mortel, esloigné non moins de sens au ciel que des pieds en terre, Possum non errare, falli, decipi : suis pecheur plus grand que nul de ce monde, subject à toutes humaines afflictions.- Mais estant surprins par foy la sepmaine Iymphatiquant, & par longue calculation rendant les estudes nocturnes de souesve odeur, j'ay composé Livres de prophéties, contenant chacun cent quatrains astronomiques de prophéties, lesquelles j'ay un peu voulu raboter obscurément : & sont perpétuelles vaticinations, pour d'yci à l'année 3797. Que possible fera retirer le front a quelques-uns en voyant si longue extension; et par souz toute la concavité de la lune aura lieu & intelligence : & ce entendant universellement les causes, mon fils - que si tu vis l'aage naturel et humain, tu verras devers ton climat, au propre ciel de ta nativité, les futures adventures prévoir. - Combien que le seul Dieu eternel, soit celuy qui cognoit l'éternite de sa lumière, procédant de luy mesme : & je dis franchement qu'à ceulx à qui sa magnitude immense, qui est sans mesure & incompréhensible, a voulu reveler par longue inspiration melancholique, que moyennant icelle cause occulte manifestée divinement, principalement de deux causes principales qui sont comprinses à l'entendement de celui inspiré qui prophétise : L'une est que vient à infuser, esclarcissant la lumière supernaturelle au personnaige qui predit par la doctrine des astres & prophétise par inspirée révélation : - laquelle est une certaine participation de la divine éternité : moyennant le prophète vient à juger de cela que son divin esprit luy a donné par le moyen de Dieu le créateur & par une naturelle instigation : c'est assavoir que ce que predict est vray, & a prins son origine ethereément; & telle lumière & flambe exiguë est de toute efficace & de telle altitude : non moins que la naturelle clarté & naturelle lumiere rend les philosophes si asseurés que moyennant les principes de la première cause ont attainct à plus profonds abysmes de plus haute doctrine. - Mais à celle fin, mon fils, que je ne vague trop profondément pour la capacité de ton sens, & aussi que je trouve que les lettres feront si grande et incomparable jacture, que je treuve le monde avant l'universelle conflagration advenir tant de déluges & si hautes inundations, qu'il ne sera gueres terroir qui ne soit couvert d'eau : - & sera par si long temps que hors mis enographies & topographies, que le tout soit péri; - aussi avant telles & après inundations, en plusieurs contrées les pluies seront si exiguës & tombera du ciel si grande abondance de feu & de pierres candantes, que n'y demourra rien qui ne soit consummé : & ce ci advenir, & en brief & avant la dernière conflagration. - Car encores que la planète Mars parachève son siècle & à la fin de son dernier periode, si le reprendra-t-il; mais assemblés les uns en Aquarius par plusieurs années, les autres en Cancer par plus longues et continues. - & maintenant que sommes conduicts par la lune, moyennant la totale puissance du Dieu éternel, que autant qu'elle aye parachevé son total circuit, le Soleil viendra & puis Saturne. - Car selon les signes celestes le regne de Saturne sera de retour, que le tout calculé, le monde s'approche d'une anaragonique révolution : - & que de présent que ceci j'escriptz avant cent septante sept ans troys moys unze jours, par pestilence, longue famine & guerres, & plus par les inundations le monde entre cy & ce terme préfix, avant & après par plusieurs foys sera si diminué, & si peu de monde sera que l'on ne trouvera qui veuille prendre les champs qui deviendront libres aussi longuement qu'ils ont été en servitude; - & ce, quant au visible jugement celeste, que encores que nous soyons au septiesme nombre de mille qui parachève le tout, nous approchant du huictiesme, ou est le firmament de la huictiesme sphere, que est en dimension latitudinaire, où le grand Dieu éternel viendra parachever la révolution : où les images celestes retourneront à se mouvoir, & le mouvement supérieur qui nous rend la terre stable et ferme, non inclinabitur in saeculum saeculi : - hors mis que, quand son vouloir sera accompli, ce sera, mais non poinct aultrement : - Combien que par ambiguës opinions excédans toutes raisons naturelles par songes Mahométiques, - aussi aucunes foys Dieu le créateur par les ministres de ses messagiers de feu en flamme missive vient à proposer aux sens extérieurs mesmement à nos yeulx, les causes de future prédiction significatrices du cas futur, qui se doit à celui qui presaige manifester. - Car le presaige qui se faict de la lumière extérieure vient infailliblement à juger partie avecques & moyennant le lume extérieur : - combien vraymant que la partie qui semble avoir par l'œil de l'entendement, ce que n'est par la lésion du sens imaginatif : la raison est par trop évidente, le tout estre predict par afflation de divinité & par le moyen de l'esprit angélique inspiré à l'homme prophétisant, rendant oinctes de vaticinations, le venant à illuminer, lui esmouvant le devant de la phantasie par diverses nocturnes apparitions, qui par diurne certitude prophétise par administration astronomique, conjoincte de la sanctissime future prédiction, ne consistant d'ailleurs que au courage libre. Vient à ceste heure entendre, mon filz, que je trouve par mes révolutions que sont accordantes à revellée inspiration, que le mortel glaive s'approche de nous par peste, guerre plus horrible qu'a vie de trois hommes n'a esté, & famine, lequel tombera en terre & y retournera souvent, - car les astres s'accordent à la révolution : & aussi a dict : Visitabo in virga ferrea iniquitates eorum, et in verberibus percutiam eos. Car la misericorde du Seigneur ne sera point dispergée un temps, mon filz, que la plupart de mes prophéties seront accomplies & viendront estre par accompliement revoluës. - Alors, par plusieurs foys durant les sinistres tempestes, Conteram ergo, dira le Seigneur, et confringam et non miserebor; & mille aultres adventures qui adviendront par eaux et continuelles pluyes, comme plus à plain j'ay rédigé par escript aux miennes aultres prophéties qui sont composées tout au long, in soluta oratione, limitant les lieux temps et le terme préfix que les humains après venus verront cognoissant les aventures avenues infailliblement, comme avons noté par les autres, parlans plus clairement: non obstant que sous nuée seront comprinses les intelligences : Sed quando submovenda erit ignorantia, le cas sera plus eclairci. - Faisant fin, mon filz, prends donc ce don de ton père M. Nostradamus, esperant toy déclarer une chascune prophétie des quatrains ici mis. Priant le Dieu immortel qu'il te veuille préter vie longue en bonne & prospere félicité.

De Salon ce 1. de mars 1555

1ʳᵉ centurie

1:1
Estant assis de nuict secret estude,
Seul, reposé sur la selle d'ærain ?
Flambe exigue sortant de sollitude,
Fait prosperer qui n'est à croire vain.

1:2
La verge en mains mise au milieu de Branches
De l'onde il moulle & le limbe & le pied,
Un peur & voix fremissent par les manches,
Splendeur divine le divin prés s'assied.

1:3
Quand la lictière du tourbillon versée,
Et seront faces de leurs manteaux convers,
La république par gens nouveaux vexée,
Lors blancs & rouges jugeront à l'envers.

1:4
Par l'univers sera faict un monarque,
Qu'en paix & vie ne sera longuement :
Lors se perdra la piscature barque,
Sera régie en plus grand détriment.

1:5
Chassés seront pour faire long combat,
Par les pays seront plus fort grevez :
Bourg & cité auront plus grand débat.
Carcas. Narbonne auront cœur esprouvés.

1:6
L'œil de Ravenne sera destitué,
Quand à ses pieds les aisles failliront :
Les deux de Bresse auront constitué,
Turin, Verseol que Gauloys fouleront.

1:7
Tard arrivé l'execution faite,
Le vent contraire, lettres au chemin prises :

Les conjurez XIIII d'une secte,
Par le Rosseau semez les entreprises.

1:8
Combien de fois prinse cité solaire
Seras, changeant ses loix barbares & vaines :
Ton mal s'approche. Plus seras tributaire,
Le grand Hadrie recourira des veines.

1:9
De l'Orient viendra le cœur Punique
Fascher Hadrie & les hoirs Romulides,
Acompagné de la classe Libycque,
Temples Mellites & proches isles vuides.

1:10
Serpens transmis en la cage de fer,
Ou les enfans septains du Roy sont pris :
Les vieux & pères sortiront bas de l'enfer,
Ains mourir voir de fruict mort et cris.

1:11
Le mouvement de sens, cœur pieds & mains,
Seront d'accord. Naples, Lyon, Sicile.
Glaves, feux, eaux, puis aux nobles Romains,
Plongez, tuez, morts par cerveau debile.

1:12
Dans peu dira faulce brute fragile
De bas en hault eslevé promptement :
Puis en instant desloyale et labile,
Qui de Veronne aura gouvernement.

1:13
Les exilez par ire, haine intestine,
Feront au Roy grand conjuration :
Secret mettront ennemis par la mine,
Et ses vieux siens contre eux sédition.

1:14
De gent esclave chansons, chants et requestes,
Captifs par Princes & Seigneurs aux prisons :
A l'advenir par idiots sans testes,

Seront receus par divines oraisons.

1:15
Mars nous manasse par sa force bellique,
Septante fois fera le sang espandre :
Auge & ruyne de l'Ecclesiastique,
Et plus ceux qui d'eux rien voudront entendre.

1:16.
Faux à l'estang joinct vers le Sagittaire,
En son haut Auge de l'exaltation,
Peste, famine, mort de main militaire,
Le siècle approche de rénovation.

1:17
Par quarante ans l'Iris n'apparoistra,
Par quarante ans tous les jours sera veu :
La terre aride en siccité croistra,
Et grands déluges quand sera apperceu.

1:18
Par la discorde négligence Gauloise,
Sera passage à Mahommet ouvert :
De sang trempez la terre & mer Senoise,
Le port Phocen de voiles & nefs couvert.

1:19
Lors que serpens viendront circuir l'are
Le sang Troyen vexé par les Espaignes :
Par eux grand nombre en sera faicte tare
Chef fruict, caché aux mares dans les saignes.

1:20
Tours, Oriens, Blois, Angers, Reims & Nantes,
Cités vexées par subit changement.
Par langues estranges seront tendues tentes,
Fleuves, dards Renes terre et mer tremblement.

1:21
Profonde argille blanche nourrit rocher,
Qui d'un abysme istra lacticineuse,
En vain troublez ne l'oseront toucher,
Ignorant estre au fond terre argilleuse.

1:22
Ce que vivra et n'ayant ancien sens,
Viendra léser à mort son artifice :
Autun, Chalon, Langres & les deux Sens,
La gresle & glace fera grand maléfice.

1:23
Au mois troisiesme se levant le Soleil,
Sanglier, liepard, au champ Mars pour combattre
Liepard laissé au ciel estend son œil,
Un Aigle autour du Soleil voit s'esbattre.

1:24
A cité neufue pensif pour condamner,
L'oisel de proye au ciel se vient offrir :
Apres victoire a captif pardonner,
Cremone & Mantoue grands maux aura souffert.

1:25
Perdu trouvé caché de si long siecle,
Sera pasteur demy Dieu honnore :
Ains que la lune acheve son grand siecle,
Par autres vents sera deshonnoré.

1:26
Le grand du fouldre tumbe d'heure diurne,
Mal & predict par porteur postulaire :
Suivant presage tumbe de l'heure nocturne,
Conflict Reims, Londres, Etrusque pestifere.

1:27
Dessoubz de chaine Guien du ciel frappé,
Non loing de la est caché le tresor :
Qui par longs siecles auoit esté grappé,
Trouve mourra, l'œil crevé de ressort.

1:28
La tour de Boucq craindra fuste Barbare,
Un temps, long temps apres barque hesperique :
Bestail, gens, meubles, tous deux feront grand tare,
Taurus & Libra, quelle mortelle picque !

1:29
Quand le poisson terrestre & aquatique
Par forte vague au gravier sera mis,
Sa forme estrange sauve & horrifique,
Par mer aux mures bien tost les ennemis.

1:30
La nef estrange par le tourment marin,
Abourdera pres de port incogneu :
Nonobstant signes de rameau palmerin,
Apres mort pille bon avis tard Venu.

1:31
Tant d'ans les guerres en Gaule dureront,
Outre la course du Castulon monarque :
Victoire incerte trois grands couronneront,
Aigle, coq, lune, lyon, soleil en marque.

1:32
Le grand Empire sera tost translaté
En lieu petit, qui bientost viendra croistre,
Lieu bien infime d'exiguë comté
Où au milieu viendra poser son sceptre.

1:33
Pres d'un grand pont de plaine spatieuse,
Le grand lyon par forces Cesarées,
Fera abbatre hors cité rigoureuse,
Par effray portes luy seront reserées.

1:34
L'oyseau de proye volant a la semestre,
Avant conflict faict aux Francoys pareure,
L'un bon prendra, l'un ambigu sinistre,
La partie foyble tiendra par bon augure.

1:35
Le lyon jeune le vieux surmontera,
En champ bellique par singulier duelle,
Dans cage d'or les yeux luy crevera,
Deux classes une, puis mourir, mort cruelle.

1:36

Tard le monarque se viendra repentir,
De n'avoir mis à mort son adversaire,
Mais viendra bien à plus hault consentir,
Que tout son sang par mort fera defaire.

1:37
Un peu devant que le Soleil s'excuse,
Conflict donné, grand peuple dubieux :
Profliges, port marin ne faict response,
Pont & sepulchre en deux estranges lieux.

1:38
Le Sol & l'aigle au victeur paroistront :
Response vaine au vaincu l'on asseure,
Par cor ne cris harnoys n'arresteront,
Vindicte paix par mors si acheve à l'heure.

1:39
De nuict dans lict supresme estranglé,
Pour trop avoir sejourné blond esleu.
Par trois l'Empire subrogé exancle,
A mort mettra carte & pacquet ne leu.

1:40
La trombe fausse dissimulant folie,
Fera Bisance un changement de loix,
Hystra d'Égypte, qui veut que l'on deslie
Edict changeant monnoyes & aloys.

1:41
Siège en cité & de nuict assallie,
Peu eschappés, non loin de mer conflict,
Femme de joye, retours fils defaillie,
Poison & lettres cachées dans le plic

1:42
Le dix Kalendes d'Apuril de faict Gothique,
Resuscité encor par gens malins :
Le feu estainct, assemblée diabolique,
Cherchant les os du d'Amant & Pselyn.

1:43
Avant qu'advienne le changement d'Empire,

Il adviendra un cas bien merveilleux,
Le camp mué, le pillier de porphyre,
Mis translaté sur le rochier noilleux.

1:44
En bref seront de retour sacrifices,
Contrevenans seront mis à martyre,
Plus ne seront moines, abbés, novices,
Le miel sera beaucoup plus cher que cire.

1:45
Secteur de sectes grand peine au delateur,
Beste en theatre dressé le jeu scenique,
Du faict antique ennobly l'inventeur,
Par sectes monde confus & schismatique.

1:46
Tout aupres d'Aux, de Lestore & Mirande
Grand feu du ciel en trois nuicts tumbera:
Cause adviendra bien stupende & mirande,
Bien peu apres la terre tremblera.

1:47
Du lac Leman les sermons fascheront,
Les jours seront reduicts par les sepmaines,
Puis mois, puis an, puis tous déffailliront,
Les Magistrats damneront leurs loix vaines.

1:48
Vingt ans du règne de la Lune passés,
Sept mil ans autre tiendra sa monarchie
Quand le soleil prendra ses jours lassés
Lors accomplir & mine ma prophétie.

1:49
Beaucoup beaucoup avant telles menées,
Ceux d'Orient par la vertu lunaire
L'an mil sept cens feront grands emmenées,
Subjugant presque le coing Aquilonaire.

1:50
De l'aquatique triplicité naistra,
D'un qui fera le jeudy pour sa feste :

Son bruit, loz, regne, sa puissance croistra,
Par terre & mer aux Oriens tempeste.

1:51
Chef d'Aries, Jupiter & Saturne,
Dieu éternel quelles mutations !
Puis par long siecle son maling temps retourne
Gaule et Italie, quelles esmotions ?

1:52
Les deux malins de Scorpion conjoints,
Le grand Seigneur meurtri dedans sa salle :
Peste à l'Eglise par le nouveau roy joinct,
L'Europe basse & Septentrionale.

1:53
Las qu'on verra grand peuple tourmenté,
Et la loy saincte en totale ruine,
Par autres loix toute la Chrestienté,
Quand d'or d'argent trouve nouvelle mine.

1:54
Deux revolts faicte du maling falcigere,
De regne et siecles faict permutation
Le mobil signe à son endroit s'ingère,
Aux deux esgaux et d'inclination.

1:55
Soubs l'opposite climat Babylonique,
Grand sera de sang effusion,
Que terre et mer, air, ciel sera inique,
Sectes, faim, regnes pestes, confusion.

1:56
Vous verrez tost & tard taire grand change,
Horreurs extremes & vindications,
Que si la lune conduite par son ange,
Le ciel s'approche des inclinations.

1:57
Par grand discord la trombe tremblera,
Accord rompu dressant la teste au ciel,
Bouche sanglante dans le sang nagera,

Au sol la face ointe de laict & miel.

1:58
Tranché le ventre naistra avec deux testes,
Et quatre bras : quelques ans entiers vivra
Jour qui Alquiloye celebrera ses festes,
Fossen, Turin, chef Ferrare suyvra.

1:59
Les exiles deportés dans les isles,
Au changement d'un plus cruel monarque
Seront meurtris : & mis deux les scintiles,
Qui de parler ne seront estés parques.

1:60
Un Empereur naistra pres d'Italie,
Qui à l'Empire sera vendu bien cher,
Diront avec quels gens il se ralie
Qu'on trouvera moins prince que boucher.

1:61
La republique miserable infelice
Sera vastée du nouveau magistrat,
Leur grand amus de l'exil malefice
Fera Sueve ravir leur grand contract.

1:62
La grande perte, las que feront les lettres,
Avant le cicle de Latona parfaict,
Feu grand deluge plus par ignares sceptres
Que de long siecle ne se verra refaict.

1:63
Les fleurs passées diminue le monde,
Long temps la paix terres inhabitées
Seur marchera par ciel, serre, mer & onde,
Puis de nouveau les guerres suscitées.

1:64
De nuict soleil penseront avoir veu
Quand le pourceau demy-homme on verra,
Bruict chant, bataille au ciel battre apperceu,
Et bestes brutes a parler lon orra.

1:65
Enfant sans mains jamais veu si grand foudre :
L'enfant Royal au feu d'œsteuf blessé.
Au puy brises : fulgures allant mouldre :
Trois souz les chaines par le milieu troussés.

1:66
Celuy qui lors portera les nouvelles
Apres un peu il viendra respirer.
Viviers, Tournon, Montferrand & Pradelles,
Gresle & tempestes le fera soupirer.

1:67
La grand famine que je sens approcher,
Souvent tourner, puis estre universelle,
Si grande & longue qu'un viendra arracher
Du bois racine, & l'enfant de mamelle.

1:68
Ô quel horrible & malheureux tourment,
Trois innocens qu'on viendra à livrer
Poyson suspecte, mal garde tradiment.
Mis en horreur par bourreaux enyvrez.

1:69
La grand montaigne ronde de sept stades,
Apres paix, guerre, faim, innondation,
Roulera loing, abismant grands contrades,
Mesmes antiques, et grand fondation.

1:70
Pluye, faim, guerre en Perse non cessée,
La foy trop grande trahira le monarque :
Par la finie en Gaule commencée,
Secret augure pour à un estre parque.

1:71
La tour marine troys foys prise & reprise,
Par Hespagnols, Barbares, Ligurins :
Marseille & Aix, Arles par ceux de Pise,
Vast, feu, fer pillé Avignon des Thurins.

1:72
Du tout Marseille les habitans changée,
Course et poursuite au pres de Lyon,
Nalbon, Tholoze par Bourdeaux outragée,
Tuez captifs presque d'un million.

1:73
France a cinq pars par neglect assaillie,
Tunys, Argiels esmeuz par Persiens :
Leon, Seville, Barcelonne faillie,
N'aura la classe par les Venetiens.

1:74
Apres sejourné vogueront en Epire
Le grand secours viendra vers Antioche,
Le noir poil crespe tendra fort à l'Empire,
Barbe d'ærain se roustira en broche.

1:75
Le tyran Sienne occupera Savone,
Le fort gaigné tiendra classe marine,
Les deux armées par la marque d'Ancone,
Par effrayeur le chef s'en examine.

1:76
D'un nom farouche tel proferé sera,
Que les trois seurs auront fato le nom,
Puis grand peuple par langue et faict dira
Plus que nul autre aura bruit & renom.

1:77
Entre deux mers dressera promontaire
Que puis mourra par le mords du cheval,
Le sien Neptune pliera voyle noire,
Par Calpre & classe aupres de Rocheval.

1:78
D'un chef vieillard naistra sens hebeté,
Degenerant par savoir et par armes,
Le chef de France par sa sœur redouté,
Champs divisez, concedez aux gendarmes.

1:79

Bazaz, Lestore, Condon, Ausch, Agine,
Esmeus par loix, querelle et monopole :
Car Bourd, Toulouze Bay mettra en ruine,
Renouveler voulant leur tauropole.

1:80
De la sixieme claire splendeur celeste,
Viendra tonner si fort en la Bourgongne,
Puis naistra monstre de tres hideuse beste
Mars, Apuril, May, Juing, grand charpin et rongne.

1:81
D'humain troupeau neuf seront mis à part,
De jugement et conseil separés :
Leur sort sera divisé en depart,
Kappa, Qhita, Lambda mors, bannis esgarés.

1:82
Quand les colomnes de bois grande tremblée,
D'Auster conduicte, couverte de rubriche,
Tant vuidera dehors grande assemblée,
Trembler Vienne et le Pays d'Austriche.

1:83
La gent estrange divisera butins,
Saturne en Mars son regard furieux :
Horrible estrange aux Tosquans & Latins,
Grecs, qui seront é frapper curieux.

1:84
Lune obscurcie aux profondes tenebres,
Son frere passe de couleur ferrugine :
Le grand caché long temps soubs les latebres,
Tiedera fer dans la plaie sanguine.

1:85
Par la response de dame Roy troublé,
Ambassadeurs mespriseront leur vie :
Le grand ses freres contrefera doublé,
Par deux mourront ire, haine, envie

1:86
La grande Royne quand se verra vaincue,

Fera exces de masculin courage :
Sur cheval, fleuve passera toute nue,
Suite par fer, a foy fera outrage.

1:87
Ennosigée feu du centre de terre,
Fera trembler autour de cité neusue :
Deux grands rochiers long temps feront la guerre,
Puis Arethusa rougira nouveau fleuve.

1:88
Le divin mal surprendra le Grand Prince,
Un peu devant aura femme espousée,
Son appuy & credit à un coup viendra mince,
Conseil mourra pour la teste rasée.

1:89
Tous ceux de Ilerde ne seront dans la Moselle,
Metans à mort tous ceux de Loire & Seine :
Le cours marin viendra pres d'haulte velle,
Quand Espagnols ouvrira toute veine.

1:90
Bourdeaux, Poitiers au son de la campane,
A grande classe ira jusqu'à l'Angon,
Contre Gaulois sera leur tramontane,
Quand monstre hideux naistra pres de Orgon.

1:91
Les Dieux feront aux humains apparence,
Ce qu'ils seront auteurs de grand conflict,
Avant ciel veu serein espée & lance,
Que vers main gauche sera plus grand afflit.

1:92
Sous un la paix par tout sera clamée,
Mais non long temps pille, & rebellion,
Par refus ville, terre & mer entamée,
Mors et captifs le tiers d'un million.

1:93
Terre Italique pres monts tremblera,
Lyon & coq non trop confederés,

En lieu de peur l'un l'autre s'aidera,
Seul Catulon & Celtes moderés.

1:94
Au port Selin le tyran mis à mort,
La liberté non pourtant recouvrée :
sLe nouveau Marc par vindicte & remort,
Dame par force de frayeur honnorée.

1:95
Devant moustier trouvé enfant besson.
D'heroic sang de moine & vestutisque,
Son bruit par secte langue & puissance son,
Qu'on dira fort eslevé le vopisque.

1:96
Celuy qu'aura la charge de destruire
Templus, & sectes, changés par fantasie :
Plus au rochiers qu'aux vivans viendra nuire,
Par langue ornée d'oreilles ressaisie.

1:97
Ce que fer, flamme n'a sceu parachever,
La douce langue au conseil viendra faire.
Par repos, songe, le Roy fera resver,
Plus l'ennemy en feu, sang militaire.

1:98
Le chef qu'aura conduit peuple infiny
Loing de son ciel, de meurs & langue estrange,
Cinq mil en Crete, & Thessalie finy,
Le chef fuyant sauvé en marine grange.

1:99
Le grand monarque que fera compagnie
Avec deux Roys unis par amitié :
O quel souspir fera la grand mesgnie
Enfans Narbon à l'entour quel pitié!

1:100
Long temps au ciel sera veu gris oyseau,
Aupres de Dole & de Touscane terre,
Tenant au bec un verdoyant rameau,

Mourra tost grand & finira la guerre.

2ᵉ centurie

2:1
Vers Aquitaine par insults Britanniques,
De par eux mesmes grands incursions :
Pluies, gelées feront terroirs iniques,
Port Selyn fortes fera invasions.

2:2
Le teste bleu fera la teste blanche,
Autant de mal que France a faict leur bien,
Mort à l'anthenne, grand pendu sus la branche,
Quand prins des siens le Roy dira combien.

2:3
Pour la chaleur solaire sus la mer,
De Negrepont les poissons demy cuits,
Les habitans les viendront entamer,
Quand Rhod & Gennes leur faudra le biscuit.

2:4
Depuis Monach jusqu'aupres de Sicile,
Toute la plage demourra desolée,
Il n'y aura fauxbourg, cité ne ville,
Que par Barbares pillée soit & vollée.

2:5
Qu'en dans poisson, fer & lettres enfermée,
Hors sortira qui puys fera la guerre,
Aura par mer sa classe bien ramée,
Apparoissant pres de Latine terre.

2:6
Aupres des portes & dedans deux cités
Seront deux fleaux, & oncques n'apperceu un tel,
Faim, dedans peste, de fer hors gens boutés,
Crier secours au grand Dieu immortel.

2:7
Entre plusieurs aux isles deportés,
L'un estre nay a deux dents en la gorge :

Mourront de faim les arbres esbrotés,
Pour eux neuf Roy, nouvel edict leur forge.

2:8
Temples sacrés prime façon Romaine,
Rejecteront les goffes fondements,
Prenant leurs loys premieres & humaines,
Chassant non tout des saincts les cultemens.

2:9
Neuf ans le regne le maigre en paix tiendra,
Puis il cherra en soif si sanguinaire :
Pour luy peuple sans foy & loy mourra
Tué un beaucoup plus debonnaire.

2:10
Avant long temps le tout sera rangé,
Nous esperons un siecle bien senestre :
L'estat des masques & des seuls bien changé
Peu trouveront qu'a son rang vueille estre.

2:11
Le prochain fils de l'aisnier parviendra
Tant eslevé jusqu'au regne des fors
Son aspre gloire un chacun la craindra
Mais ses enfans du regne gettez hors.

2:12
Yeux, clos, ouverts d'antique fantasie,
L'habit des seuls seront mis à neant
Le grand monarque chastiera leur frenesie,
Ravir des temples le tresor par devant.

2:13
Le corps sans ame plus n'estre en sacrifice,
Jour de la mort mis en nativité.
L'esprit divin fera l'ame felice,
Voyant le verbe en son eternité.

2:14
A Tours, Iean, gardé seront yeux penetrans,
Descouvriront de loing la grand sereyne
Elle & sa suitte au port seront entrans,

Combat, poulsés, puissance souveraine.

2:15
Un peu devant monarque trucidé ?
Castor Pollux en nef, astre crinite,
L'erain public par terre et mer vuidé,
Pise, Ast, Ferrare, Turin terre interdicte.

2:16
Naples, Palerme, Secille, Syracuses,
Nouveaux tyrans, fulgures feux celestes :
Force de Londres, Gand, Brucelles & Suses,
Grand hecatombe, triumphe faire festes.

2:17
Le champ du temple de la vierge vestale,
Non esloigné d'Ethne & monts Pyrenées :
Le grand conduict est caché dans la male,
North getés fleuves & vignes mastinées.

2:18
Nouvelle & pluye subite, impetueuse,
Empeschera subit deux excercites :
Pierre, ciel, feux faire la mer pierreuse,
La mort de sept terre et marin subites.

2:19
Nouveaux venus lieu basty sans defence,
Occuper la place par lors inhabitable,
Prez, maisons, champs, villes, prendre à plaisance
Faim, Peste, guerre, arpen long labourable.

2:20
Freres & sœurs en divers lieux captifs,
Se trouveront passer pres du monaique
Les contempler ses rameaux ententifs,
Desplaisant voir menton front, nez, les marques.

2:21
L'ambassadeur envoyé par biremes,
A my chemin d'incogneuz repoulsés :
De sel renfort viendront quatre triremes,
Cordes & chaines en Negre pont troussés.

2:22
Le camp Ascap d'Europe partira,
S'adjoignant proche de l'Isle submergée :
D'Arton classe phalange pliera,
Nombril du monde plus grand voix subrogée.

2:23
Palais, oyseaux, par oyseau dechassé,
Bien tost apres le prince prevenu,
Combien que hors fleuve ennemis repoulsé,
Dehors saisi trait d'oyseau soustenu.

2:24
Bestes farouches de faim fleuves tranner :
Plus part du champ encontre Hister sera,
En caige de fer le grand fera treisner,
Quand rien enfant de Germain observera.

2:25
La garde estrange trahira forteresse
Espoir & umbre de plus hault mariage :
Garde deceue, fort prinse dans la presse
Loire, Son, Rosne, Gar, à mort oultrage.

2:26
Pour la faveur que la cité fera,
Au grand qui tost perdra champ de bataille
Puis le rang Pau Thesin versera,
De sang, feux mors noyés de coup de taille.

2:27
Le divin verbe sera du ciel frappé,
Qui ne pourra proceder plus avant.
Du reserant le secret estoupé,
Qu'on marchera par dessus & devant.

2:28
Le penultiesme du surnom du Prophete,
Prendra Diane pour son jour & repos :
Loing vaguera par frenetique teste,
& delivrant un grand peuple d'impos.

2:29
L'Oriental sortira de son siege,
Passer les monts Apennins voir la Gaule :
Transpercera le ciel, les eaux & neige,
& un chacun frappera de sa gaule.

2:30
Un qui les dieux d'Annibal infernaux,
Fera renaistre, effrayeur des humains :
Oncq'plus d'horreur ne plus dire journaulx,
Qu'avint viendra par Babel aux Romains.

2:31
En Campanie Cassilin sera tant
Qu'on ne verra que d'eaux des champs couvers
Devant apres la pluye de long temps
Hors mis les arbres rien l'on verra de vert.

2:32
Laict, sang grenouilles escoudre en Dalmatie,
Conflict donné peste pres de Balennes,
Cry sera grand par toute Esclavonie,
Lors naistra monstre pres & dedans Ravenne.

2:33
Par le torrent qui descent de Verone,
Par lors qu'au Po guidera son entrée,
Un grand naufrage, & non moins en Garonne
Quand ceux de Gennes marcheront leur contrée.

2:34
L'ire insensée du combat furieux
Fera à table par freres le fer luyre,
Les despartir mort blessé curieux,
Le fier duelle viendra en France nuire.

2:35
Dans deux logis de nuict le feu prendra
Plusieurs dedans estoufés et rostis :
Pres de deux fleuves pour seul il adviendra,
Sol, l'Arq, & Caper tous seront amortis.

2:36

Du grand Prophete les lettres seront prinses.
Entre les mains du tyran deviendront,
Frauder son Roy seront ses entreprinses,
Mais ses rapines bien tost le troubleront.

2:37
De ce grand nombre que l'on envoyera
Pour secourir dans le fort assiegés,
Peste & famine tous les devorera,
Hors mis septante qui seront profligés.

2:38
Des condamnés sera fait un grand nombre,
Quand les monarques seront conciliés :
Mais l'un d'eux viendra si malencombre
Que guerre ensemble ne seront raliés.

2:39
Un an devant le conflict Italique,
Germains, Gaulois, Hespagnols pour le fort :
Cherra l'escolle maison de republique,
Ou, hors mis peu, seront suffoqués mors.

2:40
Un peu apres non point longue intervalle.
Par mer & terre sera faict grand tumulte,
Beaucoup plus grande sera pugne navalle,
Feus, animaux, qui feront plus d'insulte.

2:41
La grand estoile par sept jours bruslera,
Nuée fera deux soleils apparoir :
Le gros mastin fera toute nuict hurlera,
Quand grand pontife changera de terroir.

2:42
Coq, chiens, & chats de sang seront repeus,
Et de la playe du tyran trouvé mort,
Au lict d'un autre jambes & bras rompus,
Qui n'avait peur de mourir de cruelle mort.

2:43
Durant l'estoyle chevelue apparente,

Les trois grans princes seront fait ennemis,
Frappés du ciel paix terre tremulente,
Po, Timbre undans, serpent sur le bort mis.

2:44
L'Aigle pousée entour de pavillions,
Par autres oyseaux d'entour sera chassée,
Quand bruit des cymbres tube & sonnaillons
Rendont le sens de la dame insensée.

2:45
Trop le ciel pleure l'Androgin procrée,
Pres du ciel sang humain respandu,
Par mort trop tard grand peuple recrée,
Tard & tost vient le secours attendu.

2:46
Apres grand trouble humain, plus grand s'appreste
Le grand moteur des siecles renouvele.
Pluye sang, laict, famine, fer & peste,
Au ciel veu, feu courant long estincele.

2:47
L'ennemy grand vieil dueil meurt de poison :
Les souverains par infiniz subiuguez.
Pierres plouvoir, cachez soubz la toison,
Par mort articles en vain sont allegués.

2:48
La grand copie qui passera les monts.
Saturne en l'Arq tournant du poisson Mars
Venins cachés soubs testes de saulmons :
Leur chef pendu à fil de polemars.

2:49
Les conseilleurs du premier monopole.
Les conquerants seduits par la Melite :
Rodes, Bisance pour leurs exposant pole :
Terre faudra les poursuivans de suite.

2:50
Quand ceux d'Ainault, de Gand & de Brucelles,
Verront à Langres le siege devant mis

Derrier leurs flancs seront guerres crueles
La plaie antique fera pis qu'ennemis.

2:51
Le sang du juste à Londres fera faute
Bruslés par fouldres de vint trois les six.
La dame antique cherra de place haute :
De mesme secte plusieurs seront occis.

2:52
Dans plusieurs nuits la terre tremblera :
Sur le prinstemps deux effors suite :
Corynthe, Ephese aux deux mers nagera :
Guerre s'esmeut par deux vaillans de luit.

2:53
La grande peste de cité maritime
Ne cessera que mort ne soit vengée
Du juste sang, par pris damne sans crime
De la grand dame par feincte n'outragée.

2:54
Par gent estrange, & de Romains loingtaine
Leur grand cité après eaue fort troublée,
Fille sans main, trop différent domaine,
Prins chef, sarreure n'avoir esté riblée.

2:55
Dans le conflit le grand qui peut valloyt,
A son dernier fera cas merveilleux :
Pendant qu'Hadrie verra ce qu'il falloyt,
Dans le banquet pongnale l'orgueilleux.

2:56
Que peste & glaive n'a peu seu definer
Mort dans le puys, sommet du ciel frappé.
L'abbé mourra quand verra ruiner
Ceulx du naufraige l'escueil voulant grapper.

2:57
Auant conflit le grand mur tumbera :
Le grand à mort, mort trop subite & plainte :
Nay imparfaict la plus part nagera :

Auprès du fleuve de sang la terre tainte.

2:58
Sans pied ne main par dend ayguë & forte
Par globe au fort deporc & laisné nay :
Près du portail desloyal se transporte
Silene luit, petit grand emmené.

2:59
Classe Gauloyse par apuy de grand garde
Du grand Neptune, & ses tridents souldars
Rousgée Provence pour soustenir grand bande :
Plus Mars Narbon, par javelotz & dards.

2:60
La foy Punicque en Orient rompue
Grang Jud, & Rosne Loyre, & Tag changeront,
Quand du mulet la faim sera repue,
Classe espargie, sang & corps nageront.

2:61
Euge, Tamins, Gironde & la Rochele :
O sang Troien ! Mars au port de la flesche
Derrier le fleuue au fort mise l'eschele,
Pointes feu gran meurtre sus la bresche.

2:62
Mabus puis tost alors mourra, viendra
De gens & bestes une horrible defaite :
Puis tout à coup la vengence on verra
Cent, main, soif, faim, quand courra la comete.

2:63
Gaulois, Ausone bien peu subjuguera,
Po, Marne, & Seine fera Perme l'urie
Qui le grand mur contre eux dressera
Du moindre au mur le grand perdra la vie.

2:64
Seicher de faim, de soif gent Genevoise
Espoir prochain viendra au defaillir,
Sur point tremblant sera loy Gebenoise.
Classe au grand port ne se peult acuillir.

2:65
Le parc enclin grande calamité
Par l'Hesperie & Insubre fera :
Le feu en nef, peste & captivité :
Mercure en l'Arq Saturne fenera.

2:66
Par grans dangiers le captif echapé:
Peu de temps grand la fortune changée.
Dans le palais le peuple est atrapé
Par bon augure la cité est assiegée.

2:67
Le blonde au nez forchu viendra commetre
Par le duelle & chassera dehors :
Les exilés dedans fera remetre
Aux lieux marins commetant les plus forts.

2:68
De l'Aquilon les effors seront grands :
Sus l'Ocean sera la porte ouverte,
Le regne en l'isle sera reintegrand :
Tremblera Londres par voile descouverte.

2:69
Le roy Gauloys par la Celtique dextre
Voyant discorde de la grand Monarchie,
Sus les trois pars fera fleurir son sceptre,
Contre la cappe de la grand Hierarchie.

2:70
Le dard du ciel fera son extendue
Mors en parlant grande execution.
La pierre en l'arbre, la fiere gent rendue,
Brut humain monstre purge expiation.

2:71
Les exilés en Sicile viendront
Pour delivrer de faim la gent estrange :
Au point du jour les Celtes luy faudront :
La vie demeure a raison: roy se range.

2:72
Armée Celtique en Italie vexée
De toutes pars conflit & grande perte :
Romains fuis, ô Gaule repoulsée.
Pres du Thesin, Rubicon pugne incerte.

2:73
Au lac Fucin de Benac le rivage
Prins du Leman au port de l'Orguion :
Nay de troys bras predict belliq image,
Par troys couronnes au grand Endymion.

2:74
De Sens, d'Autun viendront jusques au Rosne
Pour passer outre vers les monts Pyrenées :
La gent sortir de la Marque d'Anconne :
Par terre & mer le suivra à grans trainées.

2:75
La voix ouye de l'insolit oyseau,
Sur le canon du respiral estaige,
Si haut viendra du froment le boisseau,
Que l'homme d'homme sera Anthropophage.

2:76
Foudre en Bourgoigne fera cas portenteux,
Que par engin ne pourroit faire
De leur senat sacriste fait boiteux
Fera savoir aux ennemis l'affaire.

2:77
Par arcs, feuz, poix & par feuz repoussés :
Cris, hurlements sur la minuit ouys.
Dedans sont mis par les ramparts cassés
Par cunicules les traditeurs fuis.

2:78
Le grand Neptune du profond de la mer
De gent Punique & sang Gauloys meslé,
Les Isles à sang, pour le tardif ramer :
Plus luy nuira que l'occult mal celé.

2:79

La barbe crespe & noire par engin
Subjuguera la gent cruele & fiere.
Le grand chyren ostera du longin
Tous les captifs par Seline baniere.

2:80
Apres conflit du lesé l'eloquence
Par peu de temps se tramme faint repos :
Point l'on n'admet les grands à delivrance :
Les ennemis sont remis à propos.

2:81
Par feu du ciel la cité presque aduste :
L'urne menasse encor Deucalion :
Vexée Sardaigne par la Punique fuste
Apres que Libra lairra son Phaëton.

2:82
Par faim la proye fera loup prisonnier
L'assaillant lors en extreme detresse.
Le nay aiant au devant le dernier,
Le grand n'eschappe au milieu de la presse.

2:83
Le gros trafficq du grand Lyon change
La plus part tourne en pristine ruine,
Proye aux souldars par pille vendange
Par Jura mont & Sueve bruine.

2:84
Entre Campaigne, Sienne, Flora, Tuscie
Six moys neufz iours ne plouura vne goute.
L'estrange langue en terre Dalmatie
Courira sus, vastant la terre toute.

2:85
Le vieux plain barbe sous l'estatut severe,
A Lyon fait dessus l'Aigle Celtique :
Le petit grand trop outre persevere :
Bruit d'arme au ciel : mer rouge Lygustique.

2:86
Naufraige a classe pres d'onde Hadriatique:

La terre esmeuë sus l'air en terre mis :
Egypte tremble augment Mahommetique
L'Herault soy rendre à crier est commis.

2:87
Apres viendra des extremes contrées
Prince Germain sus le throsne doré :
La servitude & eaux rencontrées
La dame serve, son temps plus n'adoré.

2:88
Le circuit du grand faict ruineux
Le nom septiesme du cinquiesme sera :
D'un tiers plus grand l'estrange belliqueux.
Monton, Lutece, Aix ne garantira.

2:89
Du jou seront demis les deux grands maistres
Leur grand pouvoir se verra augmenté :
La terre neufve sera en ses haults estres :
Au sanguinaire le nombre racompté.

2:90
Par vie & mort changé regne d'Ongrie :
La loy sera plus aspre que service,
Leur grand cité d'urlements plaincts & crie :
Castor & Pollux ennemis dans la lyce.

2:91
Soleil levant un grand feu l'on verra
Bruit & clarté vers Aquilon tendant :
Dedans le rond mort & cris l'ont orra
Par glaive, feu, faim, mort les attendants.

2:92
Feu couleur d'or du ciel en terre veu :
Frappé du hault, nay, fait cas merveilleuz :
Grand meurtre humain : prins du grand le nepveu,
Morts d'expectacles eschappé l'orgueilleux.

2:93
Bien pres du Tymbre presse la Libytine :
Ung peu devant grand inundation :

Le chef du nef prins, mis a la sentine :
Chasteau, palais en conflagration.

2:94
GRAN Po, grand mal pour Gauloys recevra,
Vaine terreur au maritin Lyon :
Peuple infini par la mer passera,
Sans eschapper un quart d'un milion.

2:95
Les lieux peuples seront inhabitables:
Pour champs auoir grande diuision:
Regnes liurés a prudents incapables:
Lors les grands freres mort & dissension.

2:96
Flambeau ardent au ciel soir sera veu
Pres de la fin & principe du Rosne :
Famine, glaive : tard le secours pourveu,
La Perse tourne envahir Macedoine.

2:97
Romain Pontife garde de t'approcher
De la cité qui deux fleuves arrouse,
Ton sang viendras au pres de la cracher,
Toy & les tiens quand fleurira la rose.

2:98
Celuy du sang resperse le visaige
De la victime proche sacrifiée :
Tonant en Leo augure par presaige :
Mis estre à mort lors pour la fiancée.

2:99
Terroir Romain qu'interpretoit augure,
Par gent Gauloyse sera par trop vexée:
Mais nation Celtique craindra l'heure,
Boreas, classe trop loing l'avoir poussée.

2:100
Dedans les isles si horrible tumulte,
Rien on n'orra qu'une bellique brigue,
Tant grand sera des predateurs l'insulte,

Qu'on se viendra ranger à la grand ligue.

3ᵉ centurie

3:1
Apres combat et bataille navale,
Le grand Neptune a son plus haut befroy:
Rouge adversairede peur viendra pasle,
Mettant le grand Ocean en effroy.

3:2
Le divin Verbe donrra a la substance,
Comprins ciel, terre, or occult au laict mystique:
Corps, ame esprit ayant toute puissance,
Tant soubs ses pieds comme au siege Celique.

3:3
Mars et Mercure, et l'argent joint ensemble,
Vers le midy extreme siccité:
Au fond d'Asie on dira terre tremble,
Corinthe, Ephese lors en perplexité.

3:4
Quand seront proches de defaut des lunaires,
De l'un a l'autre ne distant grandement,
Froid, siccité, danger vers les frontieres,
Mesme oà` l'oracle a prins commencement.

3:5
Pres loing defaut de deux grands luminaires.
Qui surviendra entre l'Avril et Mars:
O quel cherté nais deux grands debonnaires
Par terre et mer secourrant toutes pars.

3:6
Dans le temple clos le foudre y entrera,
Les citadins dedans leur fort grevez.
Chevaux, bœufs, hommes, l'onde mur touchera,
Par faim, soif, soubs les plus foibles armez.

3:7
Les fugitifs, feu du ciel sus les piques,
Conflict prochain des corbeaux, s'esbatans

De terre on crie, aide, secours celiques,
Quand pres des murs seront les combatants.

3:8
Les Cimbres joints avecques leurs voisins
Depopular viendront presque l'Espaigne:
Gens amassez Guienne et Limosins
Seront en ligue, et leur feront compaigne.

3:9
Bourdeaux Roajan, et la Rochelle joints,
Tiendront autour la grand mer Occeane,
Anglois, Bretons, et les Flamans conjoints
Les chasseront jusque aupres de Roajane.

3:10
De sang et faim plus grand calamité,
Sept fois s'appreste a la marine plage:
Monech de faim, lieu pris, captivité,
Le grand mené croc en ferree caige.

3:11
Les armes battre an ciel longue saison
L'arbre au milieu de la cité tombé:
Verbine rongne, glaive, en face, Tison,
Lors le monarque d'Hadrie succombé.

3:12
Par la tumeur de Heb, Po, Tag, Timbre, et Rome
Et par l'estang Leman et Arentin.
Les deux grands chefs et citez de Garonne,
Prins, mors noyez: Partir humain butin.

3:13
Par foudre en l'arche or et argent fondu,
De deux captifs l'un l'autre mangera
De la cité le plus grand estendu,
Quend submergee la classe nagera.

3:14
Par le rameau du vaillant personnage,
De France infime, par le pere infelice:
Honneurs, richesses: travail en son vieil aage,

Pour avoir creu le conseil d'homme nice.

3:15
Cœur, rigeur, gloire le regne changera.
De tous points contre ayant son adversaire:
Lors France enfance par mort subjuguera,
Un grand regent sera lors plus contraire.

3:16
Un prince Anglais Mars a son cœur de ciel,
Voudra poursuivre sa fortune prospere
Des deux duelles l'un percera le fiel,
Hay de luy bien aymé de sa mere.

3:17
Mont Aventine brusler nuict sera veu,
Le ciel obscur tout a un coup en Flandres
Quand le monarque chassera son nepveu,
Leurs gens a Eglise commettront les esclandres.

3:18
Apres la pluye laict assez longuette,
En plusieurs lieux de Reims le ciel touché:
O quel conflict de sang pres d'eux s'appreste,
Peres et fils Roys n'oseront approcher.

3:19
En Luques sant et laict viendra plouvoir,
Un peu devant changement de preteur:
Grand peste et guerre, faim et soif fera voir
Loing oa` mourra leur Prince recteur.

3:20
Par les contrees du grand fleuve Bethique,
Loing d'Ibere au royaume de Grenade
Croix repoussees par gens Mahometiques
Un Cordube trahira la contrade.

3:21
Au Crustamin par mer Hadriatique,
Apparoistra un horrible poisson,
De face humaine, et la fin aquatique,
Qui se prendra dehors de l'amacon.

3:22
Six jours l'assaut devant cité donné:
Livree sera forte et aspre bataille:
Trois la rendront, et a eux pardonné,
Le reste a feu et sang tranche taille.

3:23
Si France passes entre mert lygustique,
Tu te verras en isles et mers enclos.
Mahommet contraire, plus mer Hadriatique
Cheveux et d'Asnes tu rongeras les os.

3:24
De l'entreprinse grande confusion,
Parte de gens tresor innumerable:
Tu n'y dois faire encore tension.
France a mon dire fais que sois recordable.

3:25
Qui au royaume Navarrois parviendra,
Quand de Sicile et Naples seront joints:
Bigore et Landres par Foix loron tiendra
D'un qui d'Espaigne sera par trop conjoint.

3:26
Des Roys et Princes dresseront simulacres,
Augures, cruez eslueuz aruspices:
Corne, victime doree, et d'azur, d'acre,
Interpretez seront les extipices.

3:27
Prince libinique puissant en Occident.
Frana§ois d'Arabe viendra tant enflammer.
Scavans aux lettres sera condescendant
La langue Arabe en Frana§ois translater.

3:28
De ferre faible et pauvre parentele,
Par bout et paix parviendra dans l'Empire.
Long temps regner une jeune femelle,
Qu'oncques en regne n'en survint un pire.

3:29
Les deux nepveux en divers lieux nourris.
Navale pugne, terre peres tombez
Viendront si haut esluuez enguerris
Venger l'injure, ennemis succombez.

3:30
Celuy qu'en luitte et fer au faict bellique
Aura porté plus grand que luy le prix:
De nuict au lict six luy feront la pique
Nud sans harnois subit sera surprins.

3:31
Aux champs de Mede, d'Arabe, et d'Armenie
Deux grans copies trois fois s'assembleront:
Pres du rivage d'Araxes la mesgnie,
Du grand Soliman en terre tomberant.

3:32
Le grand sepulchre du peuple Aquitanique
S'approchera aupres de la Toscane:
Quand Mars sera pres du coing Germanique
Et au terroir de la gent Mantuane.

3:33
En la cité oa` le loup entrera,
Bien pres de la les ennemis seront:
Copie estrange grand pays gastera
Aux murs et Alpes les amis passeront.

3:34
Quand le deffaut du Soleil lors sera
Sur le plain jour le monstre sera veu:
Tout autrement on l'interpretera,
Cherté n'a garde mil n'y aura pourveu.

3:35
Du plus profond de l'Occident d'Europe,
De pauvres gens un jeune enfant naistra,
Qui par sa langue seduira grande troupe,
Sont bruit au regne d'Orient plus croistra.

3:36

Ensevely non mort apopletique,
Sera trouvé avoir les mains mangees:
Quand la cité damnera l'heretique,
Qu'avoit leurs loix, se leur sembloit changees.

3:37
Avant l'assaut l'oraison prononcee,
Milan prins d'Aigle par embusches decevez:
Muraille antique par canons enfoncee,
Par feu et sang a mercy peu receus.

3:38
La gent Gauloise et nation estrange,
Outre les monts, morts, prins et profligez:
Au moins contraire et proche de vendage,
Par les Seigneurs en accord redigez.

3:39
Les sept en trois mois en concorde,
Pour subjuguer des Alpes Appenines:
Mais la tempeste et Ligure couarde,
Les profligent en subites ruines.

3:40
Le grand theatre se viendra redresser,
Les des jettez et les rets ja tendus:
Trop le premier en glaz viendra lasser,
Pars ares prostrais de long temps ja fendus.

3:41
Bossu sera esleu par le conseil.
Plus hideux monstre en terre n'apperceu,
Le coup voulant crevera l'œil,
Le traistre au Roy pour fidelle receu.

3:42
L'enfant naistra a deux dents en la gorge,
Pierres en Tuscie par pluy tomberont:
Peu d'ans apres ne sera bled ni orge,
Pour saouler ceux qui de faim failliront.

3:43
Gens d'alentour de Tarn Loth, et Garonne

Gardez les monts Apennines passer:
Vostre tombeau pres de Rome et d'Anconne,
Le noir poil crespe fera trophee dresser.

3:44
Quand l'animal a l'homme domestique,
Apres grands peines et sauts viendra parler,
Le fouldre a vierge sera si malefique,
De terre prinse et suspendue en l'air.

3:45
Les cinq estranges entrez dedans le temple
Leur sang viendra la terre prophaner:
Aux Tholousains sera bien dur example,
D'un qui viendra les lois exterminer.

3:46
Le ciel (de Plancus la cité) nous presage,
Par clers insignes et par estoilles fixes,
Que de son change subit s'aproche l'aage,
Ne pour son bien, ne pour ses malefices.

3:47
Le vieux monarque dechassé de son regne
Aux Orients son secours ira querre:
Pour peur des croix ployera son enseigne,
En Mitylene ira par port et par terre.

3:48
Sept cens captifs esttachez rudement,
Pour la moitié meurtrir, donné le sort:
Le proche espoir vindra si promptement
Mais non si tost qu'une quinziesme mort.

3:49
Regne Gaulois tu seras bien changé,
En lieu estrange est translaté l'empire:
En autres mœurs et lois seras rangé,
Roan, et Chartres te feront bien du pire.

3:50
La republique de la grande cité,
A grand rigueur ne voudra consentir:

Roy sortir hors par trompette cité,
L'eschelle ay mur la cité repentir.

3:51
Paris conjure un grand meurtre commetre
Blois le fera sortir en plain effect:
Ceux d'Orleans voudront leur chef remettre
Angers, Troye, Langres leur feront un meffait.

3:52
En la campaigne sera si longue pluye,
Et en la Poajille si grande siccité
Coq verra l'Aigle, l'aesle mal accompli,
Par Lyon mise sera en extremité.

3:53
Quand le plus grand emportera le pris
De Nuremberg d'Auspourg, et ceux de Basle,
Par Agrippine chef Frankfort repris
Traverseront par Flamant jusqu' au Gale.

3:54
L'un des plus grands fuyra aux Espaignes
Qu'en longue playe apres viendra saigner:
Passant copies par les hautes montaignes,
Devastant tout, et puis en paix regner.

3:55
En l'an qu'un œil en France regnera,
La court sera a un bien facheux trouble:
Le grand de Bloys sont amy tuera
Le regne mis en mal et doubte double.

3:56
Montauban, Nismes, Avignon et Besier,
Peste, tonnere et gresle a fin de Mars:
De Paris pont, Lyon mur, Montpellier,
Depuis six cens et sept vingts trois pars.

3:57
Sept fois changer verrez gent Britannique,
Taintz en sang en deux cents nonante an
Franche non point par appuy Germanique

Aries doubte son pole Bastarnien.

3:58
Aupres du Rhin des montaignes Noriques
Naistra un grand de gens trop tard venu,
Qui defendra Saurome et Pannoniques,
Qu'on ne sa§aura qu'il sera devenu.

3:59
Barbare empire par le tiers usurpé,
Le plus grand part de son sang mettre a mort:
Par mort senile par luy le quart frappé,
Pour peur que le sang par le sang ne soit mort.

3:60
Par toute Asie grande proscription,
Mesme en Mysie, Lysie, et Pamphylie.
Sang versera par absolution,
D'un jeune noir remply de felonnie.

3:61
La grand band et secte crucigere,
Se dressera en Mesopotamie:
Du proche fleuve compagnie legiere,
Que telle loy tiendra pour ennemie.

3:62
Proche del duero par mer Cyrrene close,
Viendra percer les grands monts Pyrenees
La main plus courte et sa percee gloze,
A Carcassonne conduira ses menees.

3:63
Romain pouvoir sera du tout abas:
Son grand voisin imiter les vestiges:
Occultes haines civiles et debats,
Retarderont au bouffons leurs folies.

3:64
Le chef de Perse remplira grande Olchade,
Classe Frireme contre gent Mahometique:
De Parthe, et Mede, et piller les Cyclades.
Repos long temps aux grand port Ionique.

3:65
Quand le sepulcre du grand Romain trouvé
Le jour apres sera esleu Pontife:
Du Senat gueres il ne sera prouvé
Empoisonné, son sang au sacré scyphe.

3:66
Le grand Baillif d'Orleans mis a mort
Sera par un de sang vindicatif:
De mort merite ne mourra ne par sort
Des pieds et mains mal le faisoit captif.

3:67
Une nouvelle secte de Philosophes,
Mesprisant mort, or, honneurs et richesses:
Des monts Germains ne seront limitrophes,
A les ensuyvre auront appuy et presses.

3:68
Peuple sans chef d'Espaigne et d'Italie,
Morts, profligez dedans le Cherronesse
Leur dict trahy par legiere folie,
Le sang nager par tout a la traverse.

3:69
Grand excercite conduict par jouvenceau,
Se viendra rendre aux mains des ennemis
Mais le vieillard nay au demy pourceau,
Fera Chalon et Mascon estre amis.

3:70
La grand Bretagne comprinse d'Angleterre,
Viendra par eaux si haut a inonder
La Ligue neufue d'ausonne fera guerre,
Que contre eux ils se viendront bander.

3:71
Ceux dans les isles de longtemps assiegez,
Prendront vigeur force contre ennemis:
Ceux par dehors mors de faim profligez,
En plus grand faim que jamais seront mis.

3:72
Le bon vieillard tout vif ensevely,
Pres du grand fleuve par fausse souspea§on:
Le nouveau vieux de richesse ennobly,
Prins a chemin tout l'or de la rana§on.

3:73
Quand dans le regne parviendra la boiteux,
Competiteur aura proche bastard:
Luy et le regne viendront si fort roigneux,
Qu'ains qu'il guerisse son faict sera bien tard.

3:74
Naples, Florence, Favence, et Imole,
Seront en termes de telle fascherie,
Que pour complaire aux malheureux de Nolle
Plainct d'avoir faict a son chef moquerie.

3:75
Pau, Verone, Vicence Sarragousse,
De glaives loings, terroirs de sang humides
Peste si grande viendra a la grand gousse,
Proche secours, et bien loing les remedes.

3:76
En Germanie naistront diverses sectes,
S'approchant fort de l'heureux paganisme,
Le cœur captif et petitesreceptes,
Feront retour a payer le vray disme.

3:77
Le tiers climat sous Aries comprins,
L'an mil sept cens vingt et sept en Octobre,
Le Roy de Perse par ceux d'Egypte prins
Conflit, mort, perte: a la croix grand approbre.

3:78
Le chef d'Escosse, avec six d'Alemaigne
Par gens de mer Orienteaux captif:
Traverseront le Calpre et Espaigne,
Present en Perse au nouveau Roy craintif.

3:79

L'ordre fatal sempiternal par chaisne,
Viendra tourner par ordre consequent:
Du port Phocen sera rompu la chaisne,
La cité prinse, l'ennemy quant et quant.

3:80
Du regne Anglois l'indigne dechassé,
Le conseiller par ire mis a feu
Ses adhera iront si bas tracer,
Que le batard sera demy receu.

3:81
Le grand crier sans honte audacieux,
Sera esleu gouverneur de l'armee:
La hardiesse de son contentieux
Le pont rompu, cité de peur pasmee.

3:82
Friens, Antibor, villes autour de Nice,
Seront vastees fort par mer et par terre:
Les saturelles terre et mer vent propice,
Prins, morts troussez, pillés sans loy de guerre.

3:83
Les longs cheveux de la Gaule Celtique,
Accompaignez d'estranges nations,
Mettront captif la gent aquitanique,
Pour succomber a internitions.

3:84
La grande cité sera bien desolee,
Des habitans un seul n'y demoura
Mur, sexe, temple et vierge violee,
Par fer, feu, peste canon peuple mourra.

3:85
La cité prinse par tromperie et fraude,
Par le moyen d'un beau jeune attrappé:
Assaut donné Raubine pres de LAUDE,
Luy et tous morts pour avoir bien trompé.

3:86
Un chef d'Ausonne aux Espaignes ira

Par mer fera arrest dedans Marseille:
Avant sa mort vn long temps languira
Apres sa mort on verra grand merveille.

3:87
Classe Gauloise n'approches de Corsegne,
Moins de Sardaigne, tu t'en repentiras:
Trestout mourrez frustrez de l'aide grogne.
Sang nagera captif ne me croiras.

3:88
De Barcellonne par mer si grand armee,
Tout Marseille de frayeur tremblera.
Isles saisies de mer ayde fermee,
Ton traditeur en terre nagera.

3:89
En ce temps la sera frustree Cypres,
De son secours de ceux de mer Egee:
Vieux trucidez, mais par mesles et lyphres
Seduict leur Roy, Royne, plus outragee.

3:90
Le grand Satyre et Tigre d'Hyrcanie.
Don presenté a ceux de l'Occean:
Un chef classe istra de Carmanie,
Qui prendra texte au Tyrren Phocean.

3:91
L'arbre qu'estoit par long temps mort seché,
Dans une nuict viendra a reverdir:
Cron Roy malade, Prince pied estaché,
Criant d'ennemis fera voile bondir.

3:92
Le monde proche du dernier periode
Saturne encor tard sera de retour:
Tanslat empire devers nation Brodde,
L'œil arraché a Narbon par Autour.

3:93
Dans Avignon tout le chef de l'empire
Fera arrest pour Paris desolé:

Tricast tiendra l'Annibalique ire,
Lyon par change sera mel consolé.

3:94
De cinq cent ans plus compte l'on tiendra,
Celuy qu'estoit l'ornement de son temps:
Puis a un coup grand clarté donra,
Qui par ce siecle les rendra trescontens.

3:95
La loy Moricque on verra deffaillir.
Apres un autre beaucoup plus seductive:
Boristhenes premier viendra faillir.
Par dons et langue une plus attractive.

3:96
Chef de Fossan aura gorge coupee,
Par le ducteur du limier et laurier:
Le faict patre ceux de mont Tarpee,
Saturne en Leo 13 de Fevrier.

3:97
Nouvelle loy terre neufve occuper,
Vers la Syrie, Judée et Palestine:
Le grand empire barbare corruer,
Avant que Phœbus son siecle determine.

3:98
Deux royals freres si fort guerroierent,
Qu'entre eux sera la guerre si mortelle:
Qu'un chacun places fortes occuperont,
De regne et vie sera leur grand querelle.

3:99
Aux champs herbeux d'Alein et du Vaineigne,
Du mont Lebrou proche de la Durance,
Camps de deux parts conflict sera si aigre,
Mesopotamie defaillira en la France.

3:100
Entre Gaulois le dernier honnoré,
D'homme ennemy sera victorieux:
Force et terroir en mouvement exploré,

D'un coup de traict quand mourra l'envieux.

4ᵉ centurie

4:1
Cela du reste de sang non espandu,
Venise quiert secours estre donné.
Apres avoir bien loing temps attendu,
Cité livree au premier cornet sonné.

4:2
Par mort la France prendra voyage a faire,
Classe par mer, marcher monts Pyrenees.
Espaigne en trouble, marcher gent militaire:
Des plus grands Dames en France emmenees.

4:3
D'Arras et Bourges, de Brodes grans enseignes,
Un plus grand nombre de Gascons battre a pied,
Ceux long du Rosne saigneront les Espaignes:
Proche du mont oà` Sagonte s'assied.

4:4
L'impotent prince faché plaincts et querelles,
De rapts et pillé, par coqz et par Lybiques:
Grands est par terre par mer infinies voilles,
Seule Italie sera chassont Celtiques.

4:5
Croix, paix, soubz un accomply divin verbe,
L'Espaigne et Gaule seront unis ensemble:
Grand clade proche, et combat tresacerbe,
Cœur si hardy ne sera qui ne tremble.

4:6
D'habits nouveaux apres faicte la treuve,
Malice tramme et machination:
Premier mourra qui en fera la preuve,
Couleur venise insidation.

4:7
Le mineur fils du grand et hay Prince,
De lepre aura a vingt ans grande tache,

De deuil sa mere mourra bien triste et mince,
Et il mourra la oa` tombe cher lache.

4:8
La grand cité d'assaut prompt et repentin,
Surprins de nuict, gardes interrompus:
Les excubies et vielles sainct Quintin,
Trucides gardes et les pourtails rompus.

4:9
Le chef du camp au milieu de la presse:
D'un coup de fleche sera blessé aux cuisses,
Lors que Geneve eu larmes et detresse,
Sera trahi par Lozan, et Souysses.

4:10
Le jeune Prince accusé faulssement,
Mettra en trouble le camp et en querelles:
Meutry le chef pour le soustenement,
Sceptre appaiser: puis guerir escroajelles.

4:11
Celuy qu'aura gouvert de la grand cappe,
Sera induict a quelques cas patrer:
Les douze rouges viendront fouiller la nappe,
Soubz meutre, meutre se viendra perpetrer.

4:12
Le camp plus grand de route mis en fuite,
Guaires plus outre ne sera pourchassé:
Ost recampé et legion reduicte,
Puis hors des Gaules du tout sera chassé.

4:13
De plus grand perte nouvelles raportees,
Le raport fait le camp s'estonnera.
Bandes unies encontre revoltees,
Double phalange quand abandonnera.

4:14
La mort subite du premier personnage
Aura changé et mis un autre au regne:
Tost, tard venu a si haut et bas aage,

Que terre et mer faudre que on la craigne.

4:15
D'oa` pensera faire venir famine,
De la viendra se rassasiement:
L'œil de la mer par avare canine
Pour de l'un l'autre dorna huyle, froment.

4:16
La cité franche de liberté fait serve.
Des profligés et resveurs faict asyle.
Le Roy changé a eux non si proterve:
De cent seront devenus plus de mille.

4:17
Changer a Beaune, Nuy, Chalons, et Dijon,
Le duc voulant amander la Barree
Marchant pres fleuve, poisson, bec de plongeon
Vers la queue: porte sera serree.

4:18
Des plus lettrés dessus les faits celestes
Seront par princes ignorans reprouvés:
Punis d'Edit, chassez comme scelestes,
Et mis a mort la oa` seront trouvés.

4:19
Devant Rouen d'Insubres mis le siege,
Par terre et mer enfermés les passages:
D'haynault, et Flandres de Gand et ceux de Liege,
Par dons laenees raviront les rivages.

4:20
Paix uberté long temps lieu loajera:
Par tout son regne desert la fleur de lys:
Corps morts d'eau, terre la l'on apportera,
Sperants vain heur d'estre la ensevelis.

4:21
Le changement sera fort difficile,
Cité, province au change gain fera:
Cœur haut, prudent mis, chassé luy habile,
Mer, terre, peuple son estat changera.

4:22
La grand copie qui sera deschassee,
Dans un moment fera besoing au Roy.
La foy promise de loing sera faulsee,
Nud se verra en piteux desarroy.

4:23
La legion dans la marine classe,
Calcine, Magnes soulphre, et poix bruslera:
Le long repos de l'asseuree place,
Port Selyn, Hercle feu les consumera.

4:24
Ouy soubs terre saincte Dame voix fainte,
Humaine flamme pour divine voix luire:
Fera les seuls de leur sang terre tainte,
Et les saincts temples pour les impurs destruire.

4:25
Corps sublimes sans fin a l'œil visibles,
Obnubiler viendront par ces raisons:
Corps, front comprins, sens chefs et invisibles,
Diminuant les sacrees oraisons.

4:26
Lou grand eyssame se levera d'abelhos,
Que non salutan don te siegen venguddos.
De nuech l'embousque, lou gach dessous las treilhos
Cuitad trahido per cinq lengos non nudos.

4:27
Salon, Mansol, Tarascon de SEX, l'arc,
Oa` est debout encor la piramide:
Viendront livrer le Prince Dannemarc
Rachat honny au temple d'Artemide.

4:28
Lors que Venus du Sol sera couvert,
Soubs l'esplendeur sera forme occulte:
Mercure au feu les aura descouvert,
Par bruit bellique sera mis a l'insulte.

4:29
Le Sol caché eclipse par Mercure,
Ne sera mis que pour le ciel second:
De Vulcan Hermes sera faicte pasture,
Sol sera veu pur, rutiland et blond.

4:30
Plus onze fois Luna Sol ne voudra,
Tous augmenté et baissez de degré:
Et si bas mis que peu or on cendra,
Qu'apres faim peste, descouvert le secret.

4:31
La Lune au plain de nuict sur le haut mont,
Le nouveau sophe d'un seul cerveau la veu:
Par ses disciples estre immortel semond,
Yeux au midy, en feins mains corps au feu.

4:32
Es lieux et temps chair un poisson donra lieu,
La loy commune sera faicte au contraire:
Vieux tiendra fort puis osté du milieu,
Le Panta chiona philon mis fort arriere.

4:33
Jupiter joinct plus Venus qu'a la Lune,
Apparoissant de plenitude blanche:
Venus cachee souz la blancheur Neptune
De Mars frappee par la gravee blanche.

4:34
Le grand mené captif d'estrange terre,
D'or enchainé au Roy CHYREN offert:
Qui dans Ausone, Milan perdra la guerre,
Et tout son ost mis a feu et a fer.

4:35
Le feu estaint les vierges trahiront
La plus grand part de la bande nouvelle:
Fouldre a fer, lance les seulz Roy garderont
Etrusque et Corse, de nuict gorge allumelle.

4:36

Les jeux nouveau en Gaule redressés,
Apres victoire de l'Insubre champaigne:
Monts d'Esperie, les grands liés, troussés:
De peur trembler la Romaigne et l'Espaigne.

4:37
Gaulois par saults, monts viendra penetrer:
Occupera le grand lieu de l'Insubre:
Au plus profond son est fera entrer,
Gennes, Monech pousseront classe rubre.

4:38
Pendant que Duc Roy, Royne occupera,
Chef Bizant du captif en Samothrace:
Avant l'assault l'un l'autre mangera,
Rebours ferré suyvra du sang la trace.

4:39
Les Rhodiens demanderont secours,
Par le neglect de ses hoyrs delaissee.
L'empire Arabe revalera son secours,
Par Hesperies la cause redressee.

4:40
Les fortresses des assiegés serrés,
Par poudre a feu profondés en abysme:
Les proditeurs seront tous vifs serrés,
Onc aux sacristes n'advint si piteux scisme.

4:41
Gymnique sexe captive par hostage,
Viendra de nuit custodes decevoir:
Le chef du camp dea§eu par son langage,
Lairra a la gente, fera piteux a voir.

4:42
Geneve et Langres par ceux de Chartres et Dole,
Et par Grenoble captif au Montlimard:
Seysset, Losanne, par fraudulente dole,
Les trahiront par or soixante marc.

4:43
Seront ouys au ciel les armes battre,

Celuy an mesme les divins ennemis:
Voudrant loix sainctes injustement debatre:
Par foudre et guerre bien croyans a mort mis.

4:44
Deux gros de Mende, de Rondés et Milhau,
Cahours, Limoges, Castres malo sepmano
De nuech l'intrado, de Bourdeaux un cailhau,
Par Perigort au toc de la campano.

4:45
Par conflit Roy, regne abandonnera,
Le plus grand chef faillira au besoing:
Mors profligés peu en rechapera,
Tous destranchés, un en sera tesmoing.

4:46
Bien defendu le faict par excellence,
Garde toy Tours de ta proche ruine:
Londres et Nantes par Reims fera defense
Ne passe outre au temps de la bruine.

4:47
Le noir farouche quand aura essayé
Sa main sanguine par feu, fer arcs tendus,
Trestout le peuple sera tant effrayé,
Voir les plus grans par col et pieds pendus.

4:48
Planure Ausonne fertile, spacieuse,
Produira taons si tant de sauterelles:
Clarté solaire deviendra nubileuse,
Rouger le tout, grand peste venir d'elles.

4:49
Devant le peuple sang sera respandu,
Que du haut ciel viendra esloigner:
Mais d'un long temps ne sera entendu,
L'esprit d'un seul le viendra tesmoigner.

4:50
Libra verra regner les Hesperies,
De ciel et terre tenir la monarchie:

D'Asie forces nul ne verra paries,
Que sept ne tiennent par rang la hierarchie.

4:51
Un Duc cupide son enemy ensuyvre,
Dans entrera empeschant la phalange,
Hastez a pied si pres viendront poursuyvre,
Que la journee conflite pres de Gange.

4:52
En cité obsesse aux murs hommes et femmes.
Ennemis hors le chef prest a soy rendre:
Vent sera fort encontre les gendarmes.
Chassez seront par chaux, poussiere, et cendre.

4:53
Les fugitifs et bannis revoquez,
Peres et fils grand garnissant les hauts puits
Le cruel pere et les siens souffoquez,
Son fils plus pire submergé dans le puits.

4:54
Du nom qui onques ne fut au Roy Gaulois
Jamais ne fut un fouldre si craintif.
Tremblant l'Italie, l'Espaigne et les Anglois,
De femme estrangiers grandement attentif.

4:55
Quand la corneille sur tout de brique joincte,
Durant sept heures ne fera que crier:
Mort presagee de sang statue taincte,
Tyran meutri, aux Dieux peuple prier.

4:56
Apres victoire de babieuse langue,
L'esprit tempte en tranquil et repos:
Victeur sanguin par conflict faict harangue,
Roustir la langue et la chair et les os.

4:57
Ignare envie au grand Roy supportee,
Tiendras propos deffendre les escripitz.
Sa femme non femme par un autre tentee,

Plus double deux ne fort ne criz.

4:58
Soleil ardent dans le gosier coller,
De sang humain arrouser terre Etrusque:
Chef seille d'eau, mener son fils filer,
Captive dame conduicte en terre Turque.

4:59
Deux assiegez en ardente ferveur:
De soif estaincts pour deux plaines tasses
Le fort limé, et un vieillart resveur,
Aux Genevois de Nira monstra trasse.

4:60
Les sept enfans en hostaige laissez,
Le tiers viendra son enfant trucider:
Deux par son filz seront d'estoc percés.
Gennes, Florence, los viendra encunder.

4:61
Le vieux mocqué et privé de sa place,
Par l'estrangier qui le subornera:
Mains de son filz mangees devant sa face,
Le frere a Chartres, Orl. Rouen trahira.

4:62
Un coronel machine ambition,
Se saisira de la plus grand armee,
Contre son Prince fainte invention,
Et descouvert sera soubz sa ramee.

4:63
L'armee Celtique contre les montaignars,
Qui seront sceus et prins a la lipee:
Paysans frais pousseront tost faugnars,
Precipitez tous au fil de l'espee.

4:64
Le deffaillant en habit de bourgeois,
Viendra le Roi tempter de son offense:
Quinze souldartz la pluspart Ustagois,
Vie derniere et chef de sa chevance.

4:65
Au deserteur de la grande forteresse,
Apres qu'aura son lieu abandonné,
Son adversaire fera grand prouesse,
L'empereur tost mort sera condamné.

4:66
Soubz couleur faincte de sept testes rasces,
Seront semés divers esplorateurs:
Puys et fontaines de poisons arrousees,
Au fort de Gennes humains deuorateurs.

4:67
L'an que Saturne et Mars esgaux combust,
L'air fort seiché longue trajection:
Par feux secrets, d'ardeur grand lieu adust,
Peu pluye, vent chault, guerres, incursions.

4:68
En lieu bien proche non esloigné de Venus.
Les deux plus grans de l'Asie et d'Affrique,
Du Rhyn et Hister qu'on dira sont venus,
Cris, pleurs a Malte et costé Ligustique.

4:69
La cité grande les exiles tiendront,
Les citadins morts, meurtris et chaffés:
Ceulx d'Aquilee a Parme promettront,
Monstrer l'entree par les lieux non trassés.

4:70
Bien contigue des grands monts Pyrenees,
Un contre l'Aigle grand copie addresser:
Ouvertes veines, forces exterminees,
Comme jusque a Pau le chef viendra chasser.

4:71
En lieu d'espouse les filles trucidees,
Meurtre a grand faulte ne fera superstile:
Dedans le puys vestules inondees,
L'espouse estraincte par hauste d'Aconite.

4:72
Les Artomiques par Agen et l'Estore,
A sainct Felix feront leur parlement:
Ceux de Basas viendront a la mal' heure,
Saisir Concon et Marsan promptement.

4:73
Le nepveu grand par force prouvera
Le pache fait du cœur pusillanime:
Ferrare et Ast le Duc esprouvera,
Par lors qu'au soir sera le pantomime.

4:74
Du lac liman et ceux de Brannonices,
Tous assemblez contre ceux d'Aquitaine:
Germains beaucoup encore plus Souisses,
Seront defaictz avec ceux d'Humaine.

4:75
Prest a combatre fera defection,
Chef adversaire obtiendra la victoire.
L'arriere garde fera defension.
Les defaillans mort au blanc territoire.

4:76
Les Nictobriges par ceux de Perigort,
Seront vexez, tenant jusques au Rosne:
L'associé de Gascons et Begorne,
Trahir le temple, le prebstre estant au prosne.

4:77
SELIN monarque l'Italie pacifique,
Regnes unis Roy Chrestien du monde:
Mourrant voudra coucher en terre blesique,
Apres pyrates avoir chassé de l'onde.

4:78
La grand armee de la pugne ciuile,
Pour de nuict Parme a l'estrange trouvee,
Septante neuf meurtris dedans la ville,
Les estrangiers passez tous a l'espee.

4:79

Sang Royal fuis, Monhurt, Mas, Eguillon,
Remplis seront de Bourdelois les landes,
Navarre, Bygorre poinctes et eguillons,
Profondz de faim vorer de Liege glandes.

4:80
Pres du grand fleuve grand fosse terre egeste,
En quinze pars sera l'eau divisee:
La cité prinse, feu, sang, cris conflict mettre.
Et la pluspart concerne au collisee.

4:81
Pont on fera promptement de nacelles,
Passer l'armee du grand Prince Belgique:
Dans profondres et non loing de Brucelles,
Outre passes, detrenchés sept a picque.

4:82
Amas s'approche venant d'Esclavonie,
L'Olestant vieux cité ruynera:
Fort desolee verra sa Romanie,
Puis la grande flamme estaindre ne sa§aura.

4:83
Combat nocturne le vaillant capitaine,
Vaincu fuyra peu de gens profligé:
Son peuple esmeu, sedition non vaine.
Son propre filz le tiendra assiegé.

4:84
Un grand d'Auxerre mourra bien miserable.
Chassé de ceux qui soubs luy ont esté:
Serré de chaines, apres d'un rude cable,
En l'an que Mars, Venus et Sol mis en esté.

4:85
Le charbon blanc du noir sera chassé,
Prisonnier faicte mené au tombereau,
More Chameau sur pieds entrelassez,
Lors le puisné sillera l'aubereau.

4:86
L'an que Saturne en eau sera conjoinct,

Avecques Sol, le Roy fort et puissant,
A Reims et Aix sera rea§eu et oingt,
Apres conquestes meurtrira innocens.

4:87
Un filz du Roy tant de langues aprins,
A son aisné au regne different:
Son pere beau au plus grand filz comprins,
Fera perir principal adherent.

4:88
Le grand Antoine de nom de faicte sordide
De Phthyriase a son dernier rongé:
Un qui de plomb voudra estre cupide,
Passant le port d'esleu sera plongé.

4:89
Trente de Londres secret conjureront,
Contre leur Roy, sur le pont l'entreprinse:
Luy, satalites la mort degousteront,
Un Roy esleu blonde, natif de Frize.

4:90
Les deux copies aux mers ne pourront joindre,
Dans cest instan trembler Milan, Ticin:
Faim, soif, doubtance si fort les viendra poindre
Chair, pain, ne vivres n'auront un seul boucin.

4:91
Au Duc Gauloise contrainct battre au duelle,
La nef Mollele monech n'approchera,
Tort accusé, prison perpetuelle,
Son fils regner avant mort taschera.

4:92
Teste tranchee du vaillant capitaine,
Sera gettee devant son adversaire:
Son corps pendu de la classe a l'antenne
Confus fuira par rames a vent contraire.

4:93
Un serpent veu proche du lict royal,
Sera par dame nuict chiens n'abayeront:

Lors naistre en France un Prince tant royal,
Du ciel venu tous les Princes verront.

4:94
Deux grands freres seront chassez d'Espaigne,
L'aisne vaincu sous les mons Pyrenees:
Rougir mer, Rosne, sang Lemam d'Alemaigne,
Narbon, Blyterre, d'Agath contaminees.

4:95
Le regne a deux laissé bien peu tiendront,
Trois ans sept mois passés feront la guerre
Les deux Vestales contre eux rebelleront,
Victor puisnay en Armorique terre.

4:96
La sœur aisnee de l'Isle Britannique
Quinze ans devant le frere aura naissance,
Par son promis moyennant verrifique,
Succedera au regne de balance.

4:97
L'an que Mercure, Mars, Venus retrograde,
Du grand Monarque la ligne ne faillit:
Esleu du peuple l'usitant pres de Gagdole,
Qu'en paix et regne viendra fort envieillir.

4:98
Les Albanois passeront dedans Rome,
Moyennant Langres demipler affublez,
Marquis et Duc ne pardonnes a l'homme,
Feu, sang, morbilles point d'eau faillir les bleds.

4:99
Laisné vaillant de la fille du Roy,
Repoussera si profond les Celtiques,
Qu'il mettra foudres, combien en tel arroy
Peu et loing, puis profond és Hesperiques.

4:100
Du feu celeste au Royal edifice.
Quand la lumiere de Mars defaillira,
Sept mois grand guerre, mort gent de malefice

Rouen, Eureux au Roy ne faillira.

5ᵉ centurie

5:1
Avant venu de ruine Celtique,
Dedans le temple deux palementeront
Poignard cœur, d'un monté au coursier et pique,
Sans faire bruit le grand enterreront.

5:2
Seps coniurés au banquet feront luire,
Contre les trois le fer hors de navire
L'un les deux classes au grand fera couduire,
Quand par le mail. Denier au front luy tire.

5:3
Le successeur de la Duché viendra.
Beaucoup plus outre que la mer de Tosquane:
Gauloise branche la Florence tiendra,
Dans son giron d'accord nautique Rane.

5:4
Le gros mastin de cité deschassé,
Sera fasché de l'estrange alliance,
Apres aux champs avoir le cerf chassé
Le lous et l'Ours se donront defiance.

5:5
Souz ombre faincte d'oster de servitude,
Peuple et cité l'usurpera luy mesmes
Pire fera par fraux de jeune pute,
Livré au champ lisant le faux prœsme.

5:6
Au Roy l'augur sur le chef la main mettre,
Viendra prier pour la paix Italique:
A la main gauche viendra changer le sceptre,
De Roy viendra Empire pacifique.

5:7
Du Triumvir seront trouvé les os,
Cherchant profond thresor aenigmatique.

Ceux d'alentour ne seroit en repos.
Ce concaver marbre et plomb metallique.

5:8
Sera laissé le feu vif, mort caché,
Dedans les globes horrible espouvantable.
De nuict a classe cité en poudre lasché,
La cité a feu, l'ennemy favorable.

5:9
Jusques au fonds la grand arq demolue,
Par chef captif l'ami anticipé,
Naistra de dame front, face chevelue,
Lors par astuce Duc a mort attrapé.

5:10
Un chef Celtique dans le conflict blessé,
Aupres de cave voyant siens mort abbatre:
De sang et playes et d'ennemis pressé,
Et secourus par incognus de quatre.

5:11
Mer par solaires seure ne passera,
Ceux de Venus tiendront toute l'Affrique:
Leur regne plus Saturne n'occupera,
Et changera la part Asiatique.

5:12
Aupres du lac Leman sera conduite,
Par garse estrange cité voulant trahir:
Auant son meutre a Auspourg la grand suitte,
Et ceux du Rhin la viendront invahir.

5:13
Par grand fureur le Roy Romain Belgique
Vexer vouldra par phalange barbare:
Fureur grinsseant, chassera gent Lybique
Despuis Pannons jusques Hercules la hare.

5:14
Saturne et Mars en Leo Espagne captive,
Par chef Lybique au conflict attrapé,
Proche de Malthe, Heredde prins vive,

Et Romain sceptre sera par coq frappé.

5:15
En navigant captif prins grand pontife,
Grand aprets faillir les clercz tumultuez:
Second esleu absent son bien debife,
Son favory bastard a mort rué.

5:16
A son haut pris plus la lerme sabee,
D'humaine chair par mort en cendres mettre,
A l'isle Pharos par Croisars pertubee,
Alors qu'a Rodes paroistra dur espectre.

5:17
De nuict passant le Roy pres d'une Andronne,
Celuy de Cypres et principal guette.
Le Roy failly, la main fuict long du Rosne,
Les conjurés l'iront a mort mettre.

5:18
De deuil mourra l'infelix profligé,
Celebrera son vitrix l'hecatombe:
Pristine loy, franc edit redigé,
Le mur et Prince au septiesme jour tombe.

5:19
Le grand Royal d'or, d'aerain augmenté,
Rompu la pache, par jeune ouverte guerre:
Peuple affligé par un chef lamenté,
De sang barbare sera converre terre.

5:20
Dela les Alpes grande armée passera,
Un peu devant naistre monstre vapin:
Prodigieux et subit tournera
Le grand Tosquan a son lieu plus propin.

5:21
Par le trespas du monarque latin,
Ceux qu'il aura par regne secouruz:
Le feu luira divisé le butin.
La mort publique aux hardis incoruz.

5:22
Avnt, qu'a Rome grand aye rendu l'ame
Effrayeur grande a l'armee estrangere:
Par esquadrons l'embusche pres de Parme,
Puis les deux rouges ensemble feront chere.

5:23
Les deux contens seront unis ensemble,
Quand la pluspart a Mars seront conjoinct:
Le grand d'Affrique en effrayeur et tremble,
DUUMVIRAT par la classe desjoinct.

5:24
Le regne et loys souz Venus eslevé,
Saturne aura sus Jupiter empire
La loy et regne par le Soleil levé,
Par Saturnins endurera le pire.

5:25
Le prince Arabe Mars, Sol, Venus, Lyon
Regne d'Eglise par mer succombera:
Devers la Perse bien pres d'un million,
Bisance, Egypte ver. serp. invadera.

5:26
La gent esclave par un heur Martial,
Viendra en haut degré tant esleuee,
Changeront Prince, naistre un provincial,
Passer la mer copie aux monts levee.

5:27
Par feu et armes non loing de la marnegro,
Viendra de Perse occuper Trebisonde:
Trembler Phatos Methelin, Sol alegro,
De sang Arabe d'Adrie couvert onde.

5:28
Le bras pendu et la jambe liee,
Visage pasle, au sein poignard caché,
Trois qui seront jurez de la meslee
Au grand de Gennes sera le fer lasché.

5:29
La liberté ne sera recouvree,
L'occupera noir, fier, vilain, inique,
Quand la matiere du pont sera ouvree,
D'Hister, Venise faschee la republique.

5:30
Tout a l'entour de la grande Cité,
Seront soldats logez par champs et villes.
Donner l'assaut Paris, Rome incité
Sur le pont lors sera faicte, grand pille.

5:31
Par terre Attique chef de la sapience,
Qui de present est la rose du monde:
Pont ruiné et sa grande preeminence
Sera subdite et naufrage des undes.

5:32
Oa` tout bon est tout bien Soleil et Lune
Est abondant, sa ruine s'approche.
Du ciel s'advance vaner ta fortune,
En mesme estat que la septiesme roche.

5:33
Des principaux de cité rebellee
Qui tiendront fort pour liberté ravoir.
Detrencher masles, infelice meslee,
Cris, hurlemens a Nantes piteux voir.

5:34
Du plus profond de l'Occident Anglois
Oa` est le chef de l'isle Britannique
Entrera classe dans Gironde, par Blois
Par vin et sel, ceux cachez aux barriques.

5:35
Par cité franche de la grand mer Seline
Qui porte encores a l'estomach la pierre,
Angloise classe viendra soubs la bruine
Un rameau prendre, du grand ouverte guerre.

5:36

De sœur le frere par simulte faintise
Viendra mesler rosee en myneral:
Sur la placente donne a vielle tardifve,
Meurt le goustant sera simple et rural.

5:37
Trois cents feront d'un vouloir et accord,
Que pour venir au bout de leur attaincte,
Vingt mois apres tous et records
Leur Roy trahy simulant haine saincte.

5:38
Ce grand monarque qu'au mort succedera,
Donnera vie illicite et lubrique,
Par nonchalance a tous concedera,
Qu'a la parfin faudra la loy Salique,

5:39
Du vray rameau de fleur de lys issue
Mis et logé heretier d'Hetrurie:
Son sang antique de longue main tissu,
Fera Florence florir en l'armoirie.

5:40
Le sang royal sera si tresmeslé,
Contrainct seront Gaulois de l'Hesperie:
On attendra que terme soit coulé,
Et que memoire de la voix soit perie.

5:41
Nay souz les umbres et journee nocturne,
Sera en regne et bonté souveraine:
Fera renaistre son sang de l'antique urne,
Renouvellant siecle d'or pour l'aerain.

5:42
Mars esleué en son plus haut befroy,
Fera retraire les Allobrox de France:
La gent Lombarde fera si grand effroy,
A ceux de l'Aigle comprins souz la Balance.

5:43
La grand' ruine des sacrez ne s'esloigne,

Provence, Naples, Sicille, Seez et Ponce,
En Germanie, au Rhin et la Cologne,
Vexez a mort par ceux de Magonce.

5:44
Par mer le rouge sera prins de pyrates,
La paix sera par son moyen troublee:
L'ire et l'avare commettra par fainct acte,
Au grand Pontife sera l'armee doublee.

5:45
Le grand Empire sera tost desolé
Et translaté pres d'arduenne silve:
Les deux bastardz par l'aisné decollé,
Et regnera Aenodarb, nez de milve.

5:46
Par chapeaux rouges querelles et nouveaux scismes
Quand on aura esleu le Sabinois:
On produira contre luy grands sophismes,
Et sera Rome lesse par Albanois.

5:47
Le grand, Arabe marahera bien avant,
Trahy sera par les Bisantinois:
L'antique Rodes luy viendra audevant,
Et plus grand mal par autre Pannonois.

5:48
Apres la grande affliction du sceptre,
Deux ennemis par eux seront defaictz:
Classe d'Afrique aux Pannons viendra naistre,
Par mer et terre seront horribles faictz.

5:49
Nul de l'Espaigne, mais de l'antique France
Ne sera esleu pour le trembant nacelle
A l'ennemy sera faicte fiance,
Qui dans son regne sera peste cruelle.

5:50
L'an que deux freres du lys seront en aage,
L'un d'eux tiendra la grande Romanie:

Trembler les monts, ouvert Latin passage,
Pache macher contre fort d'Armenie.

5:51
La gent de Dace, d'Angleterre et Polonne
Et de Bœsme feront nouvelle ligue.
Pour passer outre d'Hercules la colonne,
Barcins, Tyrrens dresser cruelle brique.

5:52
Un Roy sera qui donra l'opposite.
Les exilez eslevez sur le regne:
De sang nager la gent caste hypolite,
Et florira long temps soubs telle enseigne.

5:53
La loy du Sol et Venus contendens
Appropiant l'esprit de prophetie:
Ne l'un ne l'autre ne seront entendus,
Par sol tiendra la loy du grand Messie.

5:54
Du pont Euxine, et la grand Tartarie,
Un Roy sera qui viendra voir la Gaule,
Transpercera Alane et l'Armenie,
Et dedans Bisance lairra sanglante gaule.

5:55
De la Felice Arabie contrade,
N'aistra puissant de loy Mahometique:
Vexer l'Espagne, conquester la Grenade,
Et plus par mer a la gent Ligustique.

5:56
Par le trespas du tres vieillart pontife
Sera esleu Romain de bon aage,
Qu'il sera dict que le siege debiffe,
Et long tiendra et de picquant ouvrage.

5:57
Istra de mont Gaulfier et Aventin,
Qui par trou avertira l'armee
Entre deux rocs sera prins le butin,

De SEXT. mansol faillir le renommee.

5:58
De l'aqueduct d'Uticense Gardoing,
Par la forest et mont inacessible,
En my du pont sera tasché au poing,
Le chef nemans et qui tant sera terrible.

5:59
Au chef Anglois a Nymes trop sejour,
Devers l'Espaigne au secours Aenobarbe:
Plusieurs mourrant par Mars ouvert ce jour,
Quand an Artois faillir estoille en barbe.

5:60
Par teste rase viendra bien mal eslire,
Plus que sa charge ne porte passera.
Si grande fureur et raige fera dire,
Qu'a feu et sang tout sexe trenchera.

5:61
L'enfant du grand n'estant a sa naissance,
Subjugera les hauts monts Apennis:
Fera trembler tous ceux de la balance,
Et de monts feux jusques a mont Senis.

5:62
Sur les rochers sang on les verra plouvoir,
Sol Orient Saturne Occidental:
Pres d'Orgon guerre a Rome grand mal voir,
Nefs parfondrees, et prins le Tridental.

5:63
De vaine emprise l'honneur indue plaincte,
Galiotz errans par latins, froit, faim, vagues
Non loing du Tymbre de sang la terre taincte,
Et sur humains seront diverses plagues.

5:64
Les assemblés par repos du grand nombre
Par terre et mer conseil contremandé:
Pres de l'Autonne Gennes, Nice de l'ombre
Par champs et villes le chef contrebandé.

5:65
Subit venu l'effrayeur sera grande,
Des principaux de l'affaire cachés:
Et dame en braise plus ne sera en veue,
Ce peu a peu seront les grans fachés.

5:66
Soubs les antiques edifices vestaux,
Non esloignez d'aqueduct ruine.
De Sol et lune sont les luisans metaulx,
Ardante lampe, Traian d'or burine.

5:67
Quand chef Perouse n'osera sa tunique
Sans au couvert tout nud s'expolier:
Seront prins sept faict Aristocratique,
Le pere et fils mors par poincte au colier.

5:68
Dans le Danube et du Rhin viendra boire
Le grand Chameau, ne s'en repentira:
Trembler du Rosne, et plus fort ceux de Loire
Et pres des Alpes coq le ruinera.

5:69
Plus ne sera le grand en faux sommeil,
L'inquietude viendra prendre repoz:
Dresser phalange d'or, azur et vermeil
Subjuger Affrique la ronger jusques oz.

5:70
Des regions subjectes a la Balance
Feront troubler les monts par grande guerre,
Captifs tout sexe deu et tout Bisance,
Qu'on criera a l'aube terre a terre.

5:71
Par la fureur d'un qui attendra l'eau,
Par la grand raige tout l'exercite esmeu:
Chargé des nobles a dix sept bateaulx,
Au long du Rosne tard messagier venu.

5:72
Pour le plaisir d'edict voluptueux,
On meslera la poison dans l'aloy:
Venus sera en cours si vertueux,
Qu'obfusquera du soleil tout a loy.

5:73
Persecutee sera de Dieu l'Eglise,
Et les sainctz temples seront expoliez:
L'enfant la mere mettra nud en chemise,
Seront Arabes aux Polons ralliez.

5:74
De sang Troyen naistra cœur Germanique
Qui deviendra en si haute puissance:
Hors chassera gent estrange Arabique,
Tournant l'Eglise en pristine preeminence.

5:75
Montera haut sur le bien plus a dextre,
Demourra assis sur la pierre quarree,
Vers le midy posé a la fenestre,
Baston tortu en main bouche serree.

5:76
En lieu libere tendra son pavillon,
Et ne voudra en citez prendre place
Aix, Carpens l'isle volce, mont Cavaillon,
Par tous ses lieux abolira la trasse.

5:77
Tous les degrez d'honneur Ecclesiastique
Seront changez en dial quirinal:
En Martial quirinal flaminique,
Puis un Roy de France le rendre vulcanal.

5:78
Les deux unis ne tiendront longuement,
Et dans treize ans au Barbare Satrappe,
Au deux costez feront tel perdement,
Qu'un benira le Barque et sa cappe.

5:79

La sacree pompe viendra baisser les aisles,
Par la venue du grand legislateur:
Humble haulssera, vexera les rebelles,
Naistra sur terre aucun aemulateur.

5:80
Logmion grande Bisance approchera.
Chassee sera la barbarique Ligne:
Des deux loix l'une l'estinique laschera,
Barbare et franche en perpetuelle brigue.

5:81
L'oiseau royal sur la cité solaire,
Sept mois devant fera nocturne augure:
Mur d'Orient cherra tonnerre esclaire,
Sept jours aux portes les ennemis a l'heure.

5:82
Au conclud pache hors de la forteresse,
Ne sortira celuy en desespoir mis:
Quant ceux d'Arbois, de Langres, contre Bresse,
Auront monts Dolle bouscade d'ennemis.

5:83
Ceux qui auront entreprins subventir,
Nompareil regne, puissant et invincible:
Feront par fraude, nuicts trois advertir,
Quant le plus grand a table lira Bible.

5:84
Naistra du gouphre et cité immesuree,
Nay de parents obscure et tenebreux:
Qui la puissance du grand Roy reveree,
Voudra destruire par Rouen et Evereux.

5:85
Par les Sueves et lieux circonvoisins.
Seront en guerre pour cause des nuees.
Gamp marins locustes et cousins,
Du Leman fautes seront bien desnuees.

5:86
Par les deux testes, et trois bras separés,

La cité grande par eaux sera vexee:
Des grands d'entre eux par exile esgarés,
Par teste perse Bisance fort pressee.

5:87
L'an que Saturne hors de servage,
Au franc terroir sera d'eau inundé:
De sang Troyen sera son mariage,
Et sera ceur d'Espaignols circundé.

5:88
Sur le sablon par un hideux deluge,
Des autres mers trouvé monstre marin:
Proche du lieu sera faict un refuge,
Tenant Savone esclave de Turin.

5:89
Dedans Hongrie par Boheme, Nauarre,
Et par banniere sainctes seditions:
Par fleurs de lys pays portant la barre,
Contre Orleans sera esmotions.

5:90
Dans le cyclades, en perinthe et larisse,
Dedans Sparte tout le Pelloponnesse:
Si grand famine, peste par faux connisse,
Neuf mois tiendra et tout le chevronnesse.

5:91
Au grand marché qu'on dict des mensongiers,
Du tout Torrent et champ Athenien:
Seront surprins par les chevaux legiers,
Par Albanois Mars, Leo, Sat. un versien.

5:92
Apres le siege tenu dix sept ans,
Cinq changeront en tel revolu terme:
Puis sera l'un esleu de mesme temps,
Qui des Romains ne sera trop conforme.

5:93
Soubs le terroir du rond globe lunairs,
Lors que sera dominateur Mercure:

L'isle d'Escosse fera un luminaire,
Qui les Anglois mettra a deconfiture.

5:94
Translatera en la grand Germanie,
Brabant et Flandres, Gand, Bruges, et Bolongne:
La traifue fainte le grand duc d'Armenie,
Assaillira Vienne et la Coloigne.

5:95
Nautique rame invitera les umbres,
Du grand Empire lors viendra conciter:
La mer Aegee des lignes les encombres
Empeschant l'onde Tirremme defflottez.

5:96
Sur le milieu du grand monde la rose,
Pour nouveaux faicts sang public espandu:
A dire vray on aura bouche close,
Lors au besoing viendra tard l'attendu.

5:97
Le nay defforme par horreur suffoqué,
Dans la cité du grand Roy habitable:
L'edict severe des captifs revoqué,
Gresle et tonnerre, Condon inestimable.

5:98
A quarante huict degré climaterique,
A fin de Cancer si grande seicheresse:
Poisson en mer, fleuve: lac cuit hectique,
Bearn, Bigorre par feu ciel en destresse.

5:99
Milan, Ferrare, Turin, et Aquillaye,
Capne, Brundis vexés par gent Celtique:
Par le Lyon et phalange aquilee
Quant Rome aura le chef vieux Britannique.

5:100
Le boutefeu par son feu attrapé,
Du feu du ciel a Carcas et Cominge:
Foix, Aux, Mazere, haut veillart eschappé,

Par ceux de Hasse des Saxons et Turinge.

6ᵉ centurie

6:1
Autour des monts Pyrenees grans amas
De gent estrange secourir Roy nouveau:
Pres de Garonne du grand temple du Mas,
Un Romain chef le craindra dedans l'eau.

6:2
En l'an cinq cens octante plus et moins,
On attendra le siecle bien estrange:
En l'an sept cens, et trois cieux en tesmoings,
Que plusieurs regnes un a cinq feront change.

6:3
Fleuve qu'esprouve le nouveau nay de Celtique
Sera en grande de l'Empire discord:
Le jeune prince par gent ecclesiastique,
Ostera le sceptre coronel de concorde.

6:4
La Celtiq fleuve changera de rivaige,
Plus ne tiendra la cité d'Agripine:
Tout transmué ormis le vieil langage,
Saturne, Leo, Mars, Cancer en rapine.

6:5
Si grand Famine par unde pestifere.
Par pluye longue le long du polle arctique:
Samarobryn cent lieux de l'hemisphere,
Vivront sans loy exempt de pollitique.

6:6
Apparoistra vers la Septentrion
Non loin de Cancer l'estoille chevelue:
Suze, Sienne, Bœce, Eretrion,
Mourra de Rome grand, la nuict disparue.

6:7
Norneigre et Dace, et l'isle Britannique,
Par les unis freres seront vexees:

Le chef Romain issue de sang Gallique,
Et les copies au forestz repoulsees.

6:8
Ceux qui estoient en regne pour scavoir,
Au Royal change deuiendront apouvris:
uns exilez sans appuy or n'avoir,
Lettrez et lettres ne seront a grand pris.

6:9
Aux sacrez temples seront faicts escandales,
Comptez seront par honneurs et louanges:
D'un que on grave d'argent, d'or les medalles,
La fin sera en torments bien estranges.

6:10
Un peu de temps les temples de couleurs
De blanc et noir des deux entremeslee:
Rouges et jaunes leur embleront les leurs,
Sang, terre, peste, faim, feu d'eau affollee.

6:11
Des sept rameaux a trois seront reduicts,
Les plus aisnez seront surprins par mort,
Fratricider les deux seront seduicts,
Les conjurez en dormans seront morts.

6:12
Dresser copies pour monter a l'Empire,
Du Vatican le sang Royal tiendra:
Flamans, Anglois, Espaigne avec Aspire,
Contre l'Italie et France contendra.

6:13
Un dubieux ne viendra loing du regne,
La plus grand part le voudra soustenir:
Un Capitole ne voudra point qu'il regne,
Sa grande charge ne pourra maintenir.

6:14
Loing de sa terre Roy perdra la bataille,
Prompt eschappé poursuivy suivant prins,
Ignare prins soubs la doree maille,

Soubs feinct habit, et l'ennemy surprins.

6:15
Dessoubs la tombe sera trouvé le Prince,
Qu'aura le pris par dessus Nuremberg:
L'espaignol Roy en Capricorne mince,
Fainct et trahy par le grand Uvitemberg.

6:16
Ce que ravy sera du jeune Milve,
Par les Normans de France et Picardie:
Les noirs du temple du lieu de Negrisilve
Feront aulberge et feu de Lombardie.

6:17
Apres les limes brusler les asiniers,
Contraints seront changer habits divers:
Les Saturnins bruslez par les meusniers,
Hors la plupart qui ne sera convers.

6:18
Par les Phisiques le grand Roy delaissé,
Par sort non art de l'Ebrieu est en vie,
Luy et son genre au regne hault poussé,
Grace donnee a gent qui Christ envie.

6:19
La vraye flamme engloutira la dame,
Qui voudra mettre les Innocens a feu:
Pres de l'assaut l'excercite s'enflamme,
Quant dans Seville monstre en bœuf sera veu.

6:20
L'union faincte sera peu de duree,
Des uns changés reformés la pluspart:
Dans les vaissaux sera gent enduree,
Lors aura Rome un nouveau Liepart.

6:21
Quant ceux du polle arctic unis ensemble,
Et Orient grand effrayeur et crainte:
Esleu nouveau, soustenu le grand tremble,
Rhodes, Bisance de sang Barbare taincte.

6:22
Dedans la terre du grand temple celique,
Nepveu a Londre par paix faincte meutry:
La barque alors deviendra scismatique,
Liberté faincte sera au corn et cry.

6:23
D'esprit de regne munismes descriés,
Et seront peuples esmuez contre leur Roy,
Paix, faict nouveau, sainctes loix empirees,
Rapis onc fut en si tres dur arroy.

6:24
Mars et le sceptre se trouvera conjoinct,
Dessoubz Cancer calamiteuse guerre:
Un peu apres sera nouveau Roy oingt,
Qui par long temps pacifiera la terre.

6:25
Par Mars contraire sera la monarchie,
Du grand pecheur en trouble ruyneux;
Jeune noir rouge prendra la hierarchie,
Les proditeurs iront jour bruyneux.

6:26
Quatre ans le siege quelque peu bien tiendra,
Un surviendra libidineux de vie:
Ravenne et Pyse, Veronne soustiendront,
Pour eslever la croix de Pape envie.

6:27
Dedans les isles de cinq fleuves a un,
Par le croissant du grand Chyren Selin:
Par les bruynes de l'aer fureur de l'un,
Six eschapés cachés fardeaux de lyn.

6:28
Le grand Celtique entrera dedans Rome,
Menant amas d'exilés et bannis:
Le grand pasteur mettra a mort tout homme,
Qui pour le coq estoyent aux Alpes unis.

6:29
La veuve saincte estendant les nouvelles,
De ses rameaux mis en perplex et trouble:
Qui sera duict appaiser les querelles,
Par son pourchas de razes fera comble.

6:30
Par l'apparence de faincte saincteté,
Sera trahy aux ennemis le siege.
Nuict qu'on cuidoit dormir en seureté,
Pres de Braban marcheront ceux du Liege.

6:31
Roy trouvera ce qu'il desiroit tant,
Quand le Prelat sera reprins a tort:
Responce au Duc le rendra mal content,
Qui dans Milan mettra plusieurs a mort.

6:32
Par trahison de verges a mort battu,
Prins surmonté sera par son desordre:
Conseil frivole au grand captif sentu,
Nez par fureur quant Berich viendra mordre.

6:33
Sa main derniere par Alus sanguinaire,
Ne se pourra par la mer guarantir:
Entre deux fleuves craindre main militaire,
Le noir l'ireux le fera repentir.

6:34
De feu voulant la machination,
Viendra troubler au grand chef assiegez:
Dedans sera telle sedition,
Qu'en desespoir seront les profligez.

6:35
Pres de Rion, et proche a blanche laine,
Aries, Taurus, Cancer, Leo, la Vierge,
Mars, Jupiter, le sol ardra grand plaine,
Bois et citez lettres cachez au cierge.

6:36

Ne bien ne mal par bataille terrestre,
Ne parviendra aux confins de Perousse,
Rebeller Pise, Florence voir mal estre,
Roy nuict blessé sur mulet a noire house.

6:37
L'œuvre ancienne se parachevera,
Du toict cherra sur le grand mal ruyne:
Innocent faict mort on accusera,
Nocent caiché, taillis a la bruyne.

6:38
Au profligez de paix les ennemis,
Apres avoir l'Italie superee,
Noir sanguinaire, rouge. sera commis,
Feu, sang verser, eau de sang couloree.

6:39 L'enfant du regne, par paternelle prinse,
Expolié sera pour le delivrer:
Aupres du lac Trasimen l'azur prinse,
La troupe hostaige par trop fort s'enyvrer.

6:40
Grand du Magonce pour grand soif estaindre,
Sera privé de sa grande dignité:
Ceux de Cologne si fort le viendront plaindre,
Que le grand groppe au Rhin sera getté.

6:41
Le second chef de regne d'Annemarc,
Par ceux de Frise et l'isle Britannique,
Fera despendre plus de cent mille marc
Vain exploicter voyage en Italique.

6:42
A Lomygon sera laissé le regne,
Du grand Selin plus fera de faict:
Par les Italies estendra son enseigne,
Regi sera par prudent contrefaict.

6:43
Long temps sera sans estre habitee,
Ou Signe et Marne autour vient arrouser:

De la Tamise et martiaux tentee,
Decevez les gardes en cuidant repouser.

6:44
De nuict par Nantes L'yris apparoistra,
Des artz marins susciteront la pluye:
Arabique goulfre, grande classe parfoudra,
Un monstre en Saxe naistra d'ours et truye.

6:45
Le gouverneur du regne bien scavant,
Ne consentir voulant au faict Royal:
Mellile classe par le contraire vent
Le remettra a son plus desloyal.

6:46
Un juste sera en exile renvoyé,
Par pestilence aux confins de Nonseggle,
Response au rouge lefera desvoyé,
Roy retirant a la Rane et a l'Aigle.

6:47
Entre deux monts les deux grands assemblés
Delaisseront leur simulté secrette:
Brucelle et Dolle par Langres accablés,
Pour a Malignes executer leur peste.

6:48
La saincteté trop faincte et seductive,
Accompaigné d'une langue diserte:
La cité vieille, et Parme trop hastive,
Florence et Sienne, rendront plus desertes.

6:49
De la partie de Mammer grand Pontife,
Subjugera les confins du Danube:
Chasser les croix, par fer raffe ne riffe,
Captifz, or, bague plus de cent mille rubes.

6:50
Dedans le puys seront trouvés les oz,
Sera l'inceste, commis par la maratre:
L'estat changé, on querra bruict et loz,

Et aura Mars attendant pour son astre.

6:51
Peuple assemblé, voir nouveau expectacle,
Princes et Roys par plusieurs assistans,
Pilliers faillir, murs: mais comme miracle
Le Roy sauvé et trente des instants.

6:52
En lieu du grand qui sera condemné,
De prison hors, son amy en sa place:
L'espoir Troyen en six mois joinct, mortnay,
Le Sol a l'urne seront prins fleuves en glace.

6:53
Le grand Prelat Celtique a Roy suspect,
De nuict par cours sortira hors de regne:
Par Duc fertile a son grand Roy Bretaigne,
Bisance a Cypres et Tunes insuspect.

6:54
Au poinct du jour au second chant du coq,
Ceulx de Tunes, de Fez, et de Bugie,
Par les Arabes, captif le Roy Maroq,
L'an mil six cens et sept, de Liturgie.

6:55
Au chalme Duc en arrachant l'esponce,
Voile Arabesque voir, subit descouverte:
Tripolis, Chio, et ceux de Trapesonce,
Duc prins, Marnegro et la cité deserte.

6:56
La crainte armee de l'ennemy Narbon,
Effrayera si fort les Hesperiques;
Parpignan vuide par l'aueugle d'arbon,
Lors Barcelon par mer donra les piques.

6:57
Celuy qu'estoit bien avant dans le regne,
Ayant chef rouge proche a hierarchie,
Aspre et cruel, et se fera tant craindre,
Succedera a sacré monarchie.

6:58
Entre les deux monarques esloiguez,
Lors que Sol par Selin clair perdue,
Simulté grande entre deux indignez,
Qu'aux Isles et Sienne la liberte rendue.

6:59
Dame en fureur par rage d'adultere,
Viendra a son Prince conjurer non de dire:
Mais bref cogneu sera le vitupere,
Que seront mis dix sept a martyre.

6:60
Le Prince hors de son terroir Celtique
Sera trahy, deceu par l'interprete:
Rouan, Rochelle par ceux de l'Armorique
Au port de Blaue deceus par moyne et prestre.

6:61
Le grand tappis plié ne monstrera,
Fois qu'a demy la pluspart de l'histoire:
Chassé duregne loing aspre apparoistra,
Qu'au faict bellique chacun le viendra croire.

6:62
Trop tard tous deux les fleurs seront perdues,
Contre la loy serpent ne voudra faire:
Des ligueurs forces par gallots confondues,
Savone, Albinque par monech grand martyre.

6:63
La dame seule au regne demuree,
D'unic estaint premier au lict d'honneur:
Sept ans sera de douleur exploree,
Puis longue vie au regne par grand heur.

6:64
On ne tiendra pache aucune arresté,
Tous recevans iront par tromperie:
De paix et trefve, terre et mer protesté.
Par Barcelone classe prins d'industrie.

6:65
Gris et bureau demie ouverte guerre,
De nuict seront assaillis et pillez:
Le bureau prins passera par la serre,
Son temple ouvert, deux au plastre grillez.

6:66
Au fondement de la nouvelle secte,
Seront les os du grand Romain trouvés,
Sepulchre en marbre apparoistra couverte,
Terre trembler en Avril, mal enfouetz.

6:67
Au grand Empire paruiendra tout un aultre,
Bonté distant plus de felicité:
Regi par un issue non loing du peaultre,
Corruer regnes grande infelicité.

6:68
Lors que soldatz fureur seditieuse.
Contre leur chef feront de nuict fer luire:
Ennemy d'Albe soit par main furieuse,
Lors vexer Rome, et principaux seduire.

6:69
La pitié grande sera sans loing tarder,
Ceux qui donoient seront contrains de prendre:
Nudz Affamez de froit, soif, soy bander,
Les monts passer commettant grand esclandre.

6:70
Au chef du monde le grand Chyren sera,
Plus outre apres ayme, crainct, redouté:
Son bruict et loz les cieux surpassera,
Et du seul tiltre vigueur fort contenté.

6:71
Quand on viendra le grand roy parenter
Avant qu'il ait du tout l'ame rendue:
Celuy qui moins le viendra lamenter,
Par Lyons, d'aigles, croix couronne vendue.

6:72

Par fureur faincte d'esmotion divine,
Sera la femme du grand fort violee:
Juges voulans damner telle doctrine,
Victime au peuple ignorant immolee.

6:73
En cité grande un moyne et artisan,
Pres de la porte logés et aux murailles,
Contre Modene secret, cave disant
Trahis pour faire souz couleur d'espousailles.

6:74
La dechassee au regne tournera,
Ses ennemis trouvés des conjurés:
Plus que jamais son temps triomphera,
Trois et septante a mort trop asseures.

6:75
Le grand pillot par Roy sera mandé,
Laisser la classe pour plus haut lieu attaindre:
Sept ans apres sera contrebandé,
Barbare armee viendra Venise craindre.

6:76
La cité antique d'antenoree forge.
Plus ne pouvant le tyran supporter:
Le manchet fainct au temple couper gorge,
Les siens le peuple a mort viendra boucher.

6:77
Par la victoire du deceu fraudulente,
Deux classes une, la revolte Germaine,
Le chef meurtri et son filz dans la tente,
Florence, Imole pourchassés dans Romaine.

6:78
Crier victoire du grand Selin croissant:
Par les Romains sera l'Aigle clamé,
Ticcin, Milan et Genes n'y consent,
Puis par eux mesmes Basil grand reclame.

6:79
Pres du Tesin les habitans de Loyre,

Garonne et Saone, Seine, Tain et Gironde,
Outre les monts dresseront promontoire.
Conflict donné Pau granci, submergé onde.

6:80
De Fez le regne parviendra a ceux d'Europe,
Feu leur cité et l'ame trenchera.
Le grand d'Asie terre et mer a grand troupe,
Que bleux, pers, croix, a mort dechassera.

6:81
Pleurs cris et plaincts hurlement, effrayeur,
Cœur inhumain, cruel, noir et transy:
Leman les isles de Gennes les majeurs,
Sang epancher, frofaim a nul mercy.

6:82
Par les desers de lieu libre et farouche,
Viendra errer nepveu du grand Pontife:
Assommé a sept avecques lourde souche,
Par ceux qu'apres occuperont le cyphe.

6:83
Celuy qu'aura tant d'honneur et caresses.
A son entree de la Gaule Belgique.
Un temps apres sera tant de rudesses,
Et sera contre a la fleur tant bellique.

6:84
Celuy qu'en Sparte Claude ne peut regner,
Il fera tant par voye seductive:
Que du court, long, le fera araigner,
Que contre Roy fera sa perspective.

6:85
La grand cité de Tharse par Gaulois
Sera destruite, captifs tous a Turban:
Secours par mer au grand Portugalois,
Premier d'esté le jour du sacre Urban.

6:86
Le grand Prelat un jour apres son songe,
Interpreté au rebours de son sens:

De la Gascogne luy surviendra un monge,
Qui fera eslire le grand prelat de sens.

6:87
L'election faite dans Frankfort,
N'aura nul lieu Milan s'opposera:
Le sien plus proche semblera si grand fort,
Qu'outre le Rhin és mareschz chassera.

6:88
Un regne grand demourra desolé,
Aupres del Hebro se feront assemblees:
Monts Pyrenees le rendront consolé,
Lors que dans May seront terres tremblees.

6:89
Entre deux cymbes piedz et mains estachés,
De miel face oingt et de laict substanté,
Guespes et mouches, fitine amour fachés,
Poccilateur faucer, Cyphe tenté.
6:90
L'honnissement puant abhominable
Apres le faict sera felicité
Grand excuse pour n'estre favourable,
Qu'a paix Neptune ne sera incité.

6:91
Du conducteur de la guerre navale,
Rouge effrené, severe, horrible grippe,
Captif eschappé de l'aisné dans la baste:
Quand il naistra du grand un filz Agrippe.

6:92
Prince de beauté tant venuste,
Au chef menee, le second faict trahy:
La cité au glaive de poudre, face aduste,
Par trop grand meutre le chef du Roy hay.

6:93
Prelat avare d'ambition trompé,
Rien ne sera que trop viendra cuider:
Ses messagiers et luy bien attrapé,
Tout au rebours voir, qui les bois fendroit.

6:94
Un Roy iré sera aux sedifragues,
Quand interdicts seront harnois de guerre:
La poison taincte au succre par les fragues
Par eaux meutris, morts, disant serre serre.

6:95
Par detracteur calomnie a puis nay,
Quand istront faicts enormes et martiaux:
La moindre part dubieuse a l'aisney,
Et tost au regne seront faicts partiaux.

6:96
Grande cité a soldatz abandonné,
Onques n'y eut mortel tumulte si proche:
O quel hideuse mortalité s'approche,
Fors une offense n'y sera pardonnee.

6:97
Cinq et quarante degrés ciel bruslera,
Feu approcher de la grand cité neufve,
Instant grand flamme esparse sautera
Quand on voudra des Normans faire preuve.

6:98
Ruine aux Volsques de peur si fort terribles
Leur grand cité taincte, faict pestilent:
Piller Sol, Lune et violer leurs temples:
Et les deux fleuves rougir de sang coulant.

6:99
L'ennemy docte se tournera confus.
Grand camp malade, et de faict par embusches,
Monts Pyrenees et Pœnus luy seront faicts refus,
Proche du fleuve decouvrant antiques roches.

6:100
LEGIS CANTIO CONTRA INEPTOS CRITICOS
Quos legent hosce versus maturaé censunto,
Profanum vulgus et inscium ne attrectato:
Omnesq; Astrologi, Blenni, Barbari procul sunto,
Qui alter facit, is rite sacer esto.

7ᵉ centurie

7:1
L'Arc du thresor par Achilles deceu
Aux procrees sceu la quadrangulaire:
Au faict Royal le comment sera sceu
Cors veu pendu au veu du populaire.

7:2
Par Mars ouvert Arles ne donra guerre,
De nuict seront les soldartz estonnés:
Noir, blanc a l'inde dissimulés en terre,
Sous la faincte umbre traistres verrez et sonnés.

7:3
Apres de France la victoire navale,
Les Barchinons, Saillinons, les Phocens,
Lierre d'or, l'enclume serré dedans la basle,
Ceux de Ptolon au fraud seront consens.

7:4
Le Duc de Langres assiegé dedans Dolle,
Accompaigné d'Ostun et Lyonnais:
Geneve, Auspour, joinct ceux de Mirandole,
Passer les monts contre les Anconnois.

7:5
Vin sur la table en sera respandu,
Le tiers, n'aura celle qu'il pretendoit:
Deux fois du noir de Parme descendu,
Perouse a Pize fera ce qu'il cuidoit.

7:6
Naples Palerme, et toute la Secille,
Par main Barbare sera inhabitee:
Corsicque, Salerne et de Sardeigne l'isle,
Faim, peste guerre, fin de maux intemptee.

7:7
Sur le combat des grans chevaux legiers,
On criera le grand croissant confond:

De nuict tuer monts, habits de bergiers,
Abismes rouges dans le fossé profond.

7:8
Flora, fuis, fuis le plus proche Romain,
Au Fesulan sera conflict donné:
Sang espandu, les plus grands prins a main,
Temple ne sexe ne sera pardonné.

7:9
Dame l'absence de son grand capitaine,
Sera priee d'amours du Viceroy:
Faincte promesse et malheureuse estraine,
Entre les mains du grand Prince Barrois.

7:10
Par le grand Prince limitrophe du Mans,
Preux et vaillant chef du grand excercite:
Par mer et terre de Gallotz et Normans,
Caspre passer Barcelone pillé isle.

7:11
L'enfant Royal contemnera la mere,
Oiel, piedz blessés, rude, inobeissant,
Nouvelle a dame estrange et bien amere,
Seront tués des siens plus de cinq cens.

7:12
Le grand puisné fera fin de la guerre
Aux Dieux assemble les excuses:
Cahors, Moissac iront long de la serre,
Reffus Lestore, les Agenois razés.

7:13
De la cité marine et tributaire
La teste raze prendra la satrapie:
Chasser sordide qui puis sera contraire,
Par quatorze ans tiendra la tyrannie.

7:14
Faux esposer viendra topographie,
Seront les cruches des monuments ouvertes:
Pulluler secte, saincte philosophie,

Pour blanches noires, et pour antiques vertes.

7:15
Devant cité de l'Insubre contree,
Sept ans sera le siege devant mis:
Le tres grand Roy y fera son entree,
Cité puis libre hors de ses ennemis.

7:16
Entree profonde par la grand Royne faicte
Rendra le lieu puissant inaccessible:
L'armee des trois lyons sera deffaite,
Faisant dedans cas hideux et terrible.

7:17
Le Prince rare de pitié et clemence,
Viendra changer par mort grand cognoissance:
Par grand repos le regne travaillié,
Lors que le grand tost sera estrillé.

7:18
Les assiegés couloureront leur paches,
Sept jours apres feront cruelle issue,
Dans repoulssés, feu, sang. Sept mis a l'hache
Dame captive qu'avoit la paix tissue.

7:19
Le fort Nicene ne sera combatu,
Vaincu sera par rutilant metal.
Son faict sera un long temps debatu,
Aux citadins estrange espouvantal.

7:20
Ambassadeurs de la Toscane langue,
Avril et May Alpes et mer passer:
Celuy de veau exposera l'harangue,
Vie Gauloise ne venant effacer.

7:21
Par pestilente inimitié Volsicque,
Dissimulee chassera le tyran:
Au pont de Sorgues se fera la traffique
De mettre a mort luy et son adherent.

7:22
Les citoyens de Mesopotamie
Yrés encontre amis de Tarraconne,
Ieux ritz, banquetz, toute gent endormie
Vicaire au Rosne, prins cité, ceux d'Ausone.

7:23
Le Royal sceptre sera contrainct de prendre,
Ce que ses predecesseurs avoyent engaigé:
Puis que l'aneau on fera mal entendre,
Lors qu'on viendra le palais saccager.

7:24
L'ensevely sortira du tombeau,
Fera de chaines lier le fort du pont:
Empoisonné avec œufz de Barbeau,
Grand de Lorraine par le Marquis du Pont.

7:25
Par guerre longue tout l'exercice expuiser,
Que pour souldartz ne trouveront pecune,
Lieu d'or, d'argent, cuir on viendra cuser,
Gaulois aerain, signe croissant de Lune.

7:26
Fustes et galees autour de sept navires,
Sera livree une mortelle guerre:
Chef de Madric recevra coup de vivres,
Deux eschapees, et cinq menees a terre.

7:27
Au cainct de Vast la grand cavalerie,
Proche a Ferrage empeschee au bagaige:
Pompt a Turin feront tel volerie,
Que dans le fort raviront leur hostaige.

7:28
Le capitaine conduira grande proye,
Sur la montaigne des ennemis plus proche:
Environné, par feu fera tel voye,
Tous eschappez or trente mis en broche.

7:29
Le grand Duc l'Albe se viendra rebeller,
A ses grans peres fera le tradiment:
Le grand de Guise le viendra debeller,
Captif mené et dressé monuement.

7:30
Le sac s'approche, feu, grand sang espandu
Po, grand fleuves aux bouviers l'entreprinse,
De Gennes, Nice apres long attendu,
Foussan, Turin, a Sauillon la prinse.

7:31
De Languedoc et Guienne plus de dix
Mille voudront les Alpes repasser:
Grans Allobroges marcher contre Brundis
Aquin et Bresse les viendront recasser.

7:32
Du mont Royal naistra d'une casane,
Qui cave, et compte viendra tyranniser:
Dresser copie de la marche Millane,
Favene, Florence d'or et gens espuiser.

7:33
Par fraude regne forces expolier,
La classe, obsesse, passages a l'espie:
Deux fainctz amis se viendront rallier,
Esveiller hayne de long temps assoupie.

7:34
En grand regret sera la gent Gauloise,
Cœur vain, legier croirera temerité:
Pain, sel, ne vin, eaue: venin ne cervoise,
Plus grand captif, faim, froit, necessité.

7:35
La grande pesche viendra plaindre, plorer,
D'avoir esleu, trompés seront en l'aage
Guiere avec eux ne voudra demourer,
Deceu sera par ceux de son langage.

7:36

Dieu, le ciel tout le divin verbe a l'unde,
Porté par rouges sept razes a Bisance:
Contre les oingz trois cens de Trebisconde,
Deux loix mettront et horreur, puis credence.

7:37
Dix envoyés, chef de nef mettre a mort,
D'un adverty en classe guerre ouverte:
Confusion chef l'un se picque et mord,
Leryn, stecades nefz, cap dedans la nerte.

7:38
L'aisné Royal sur coursier voltigeant,
Picquer viendra si rudement courir
Gueulle, lipee, pied dans l'estrein pleignant,
Trainé, tiré, horriblement mourir.

7:39
Le conducteur de l'armee Fraçoise,
Cuidant perdre le principal phalange:
Par sus pave de l'avaigne et d'ardoise,
Soy parfondra par Gennes gent estrange.

7:40
Dedans tonneaux, hors oingz d'huile et gresse,
Seront vingt un devant le port fermés,
Au second guet par mort feront proajesse.
Gaigner les portes, et du guet assommés.

7:41
Les oz des piedz et des main enserrés,
Par bruit maison long temps inhabitee,
Seront par songes concavent deterrés,
Maison salubre et sans bruit habitee.

7:42
Deux de poison saisiz nouveau venuz,
Dans la cuisine du grand Prince verser:
Par le souillard tous deux au faicts cogneuz,
Prins qui cuidoit de mort l'aisné vexer.

8ᵉ centurie

8:1
PAU, NAY, LORON plus feu qu'a sang sera,
Laude nager, fuir grand aux surrez:
Les agassas entree refusera,
Pampon, Durance les tiendra enferrez.

8:2
Condon et aux et autour de Mirande
Je voy du ciel feu qui les environne:
Sol Mars conjoint au Lyon puis marmande
Fouldre, grand gresle, mur tombe dans Garonne.

8:3
Au fort chasteau de Viglanne et Resviers
Sera serré le puisnay de Nancy:
Dedans Turin seront ards les premiers
Lors que de dueil Lyon sera transy.

8:4
Dedans Monech le coq sera receu,
Le Cardinal de France apparoistra
Par Logarion Romain sera deceu,
Foiblesse a l'Aigle, et force au coq naistra.

8:5
Apparoistra temple luisant orné,
La lampe et cierge a Borne et Bretueil:
Pour la lucerne le canton destorné,
Quand on verra le grand coq au cercueil. 8:6
Charte fulgure a Lyon apparente
Luysant, print Malte, subit sera estainte:
Sardon, Mauris traitera decepvante,
Geneue a Londes a coq trahison fainte.

8:7
Verceil, Milan donra intelligence
Dedans Tycin sera faite la paye.
Courir par Siene eau, sang feu par Florence,
Unique choir d'hault en bas faisant maye.

8:8
Pres de Linterne dans de tonnes fermez,
Chivaz fera pour l'aigle la menee,
L'esleu chassé luy ses gens enfermez,
Dedans Turin rapt espouse emmenee.

8:9
Pendant que l'aigle et le coq a Savone
Seront vnis, Mer Levant et Ongrie,
L'armee a Naples, Palerne, Marque d'Ancone,
Rome, Venise par Barb' horrible crie.

8:10
Puanteur grande sortira de Lausanne,
Qu'on ne seura l'origine du fait.
L'on mettra hors toute la gent loingtaine,
Feu veu au ciel, peuple estranger deffait.

8:11
Peuple infiny paroistra a Vicence
Sans force, feu brusler la basilique:
Pres de Lunage deffait grand de Valence,
Lors que Venise par more prendra pique.

8:12
Apparoistra aupres de Buffaloree
L'hault et procere entré dedans Milan,
L'abbé de Foix avec ceux de saint Morre
Feront la forbe abillez en vilan.

8:13
Le croisé fere par amour effrenee
Fera par Praytus Bellesophon mourir,
Classe a mil ans la femme forcenee
Beu le breuvage, tous deux apres perir.

8:14
Le grand credit d'or, d'argent l'abondance
Fera aveugler par libide honneur,
Sera cogneu d'adultere l'offense
Qui parviendra a son grand deshonneur.

8:15
Vers Aquilon grands efforts par homasse
Presque l'Europe et l'univers vexer,
Les deux eclipse mettra en tel chasse,
Et aux Pannons vie et mort renforcer.

8:16
Au lieu que HIERON fait sa nef fabriquer,
Si grand deluge sera et si subite,
Qu'on n'aura lieu ne terre s'ataquer,
L'onde monter Fesulan Olympique.

8:17
Les biens aisez subit seront desmis,
Par les trois freres le monde mis en trouble.
Cité marine saisiront ennemis,
Fain, feu, sang, peste, et de tous maux le double.

8:18
De Flora issue de sa mort sera cause,
Vn temps deuant par jeune et vieille bueyra,
Par les trois lys luy feront telle pause,
Par son fruit sauve comme chair crue mueyre.

8:19
A soubstenir la grande cappe troublee,
Pour l'esclaircir les rouges marcheront:
De mort famille sera presque accablee,
Les rouges rouges le rouge assomeront.

8:20
Le faux messaige par election fainte,
Courir par urban rompue pache arreste:
Voix acheptees, de sang chappelle tainte,
Et a un autre l'empire contraicte.

8:21
Au port de Agde trois fustes entreront,
Portant l'infect, non foy et pestilence,
Passant le pont mil milles embleront,
Et le pont rompre a tierce resistance.

8:22

Gorsan, Narbonne, par le sel advertir
Tucham, la grace Parpignan trahie,
La ville rouge n'y voudra consentir,
Par haulte vol drap gris vie faillie.

8:23
Lettres trouvees de la roine les coffres,
Point de subscrit sans aucun non d'hauteur:
Par la police seront caché les offres,
Qu'on ne scaura qui sera l'amateur.

8:24
Le lieutenant a l'entree de l'huys,
Assommera le grand de Perpignan,
En se cuidant saulver a Monpertuis,
Sera deceu bastard de Luisgnan.

8:25
Cœur de l'amant ouvert d'amour fertive
Dans le ruisseau fera ravir la Dame:
Le demy mal contrefera lassive,
Le pere a deux privera corps de l'ame.

8:26
De Caton es trouves en Barcellonne,
Mys descouvers lieu retrouvers et ruyne,
Le grand qui tient ne tient vouldra Pamplonne,
Par l'abbaye de Monferrat bruyne.

8:27
La voye auxelle l'une sur l'autre forniz
Du muy desert hor mis brave et genest,
L'escript d'empereur le fenix
Veu en celuy ce qu'a nul autre n'est.

8:28
Les simulacres d'or et d'argent enflez,
Qu'apres le rapt au lac furent gettez,
Au desouvert estaincts tous et troublez,
Au marbre escript, prescript intergetez.

8:29
Au quart pillier l'on sacre a Saturne,

Par tremblant terre et deluge fendu
Soubz l'edifice Saturnin trouuee urne,
D'or Capion ravy et puis rendu.

8:30
Dedans Tholoze non loing de Beluzer,
Faisant un puys loing, palais d'espectacle,
Tresor trouvé un chacun ira vexer,
Et en deux locz et pres delvasacle.

8:31
Premier grand fruit le Prince de Perquiere
Mais puis viendra bien et cruel malin,
Dedans Venise perdra sa gloire fiere,
Et mis a mal par plus joune Celin.

8:32
Garde toy roy Gaulois de ton nepveu,
Qui fera tant que ton unique fils
Sera meutry a Venus faisant vœu;
Accompaigné de nuit que trois et six.

8:33
Le grand naistra de Veronne et Vincence,
Qui portera un surnom bien indigne
Qui a Venise vouldra faire vengeance,
Luy mesme prins homme du guet et signe.

8:34
Apres victoire du Lyon au Lyon
Sur la montaigne de JURA Secatombe
Delues et brodes septieme million
Lyon, Ulme a Mausol mort et tombe.

8:35
Dedans l'entree de Garonne et Bayse
Et la forest non loing de Damazan
Du marsaves gelees, puis gresle et bize
Dordonnois gelle par erreur de mezan.

8:36
Sera commis conte oingdre aduché
De Saulne et sainct Aulbin et Bell'œuvre

Paver de marbre de tours loing espluché
Non Bleteram resister et chef d'œuvre.

8:37
La forteresse aupres de la Tamise
Cherra par lors le Roy dedans serré:
Aupres du pont sera veu en chemise
Un devant mort, puis dans le fort barré.

8:38
Le Roy de Bloys dans Avignon regner
Un autre fois le peuple emonopole
Dedans le Rhosne par murs fera baigner
Jusques a cinq le dernier pers de Nolle.

8:39
Qu'aura esté par Prince Bizantin,
Sera tollu par prince de Tholoze.
La foy de Foix par le chef Tholentin
Luy faillira, ne refusant l'espouse.

8:40
Le sang du Juste par Taurer la daurade,
Pour se venger contre les Saturnins
Au nouveau lac plongeront la marynade,
Puis marcher contre les Albanins.

8:41
Esleu sera Renad ne sonnant mot,
Faisant le faint public vivant pain d'orge,
Tyranniser apres tant a un cop,
Mettant a pied des plus grands sus la gorge.

8:42
Par avarice par force et violence
Viendra vexer les siens chiefz d'Orleans,
Pres saint Memire assault et resistance
Mort dans sa tante diront qu'il dort leans.

8:43
Par le decide de deux choses bastars,
Nepveu du sang occupera le regne,
Dedans lectoyre seront les coups de dars,

Nepveu par peur plaire l'enseigne.

8:44
Le procree naturel dogmion,
De sept a neuf du chemin destorner:
A roy de longue et amy au my hom.
Doit a Navarre fort de PAU prosterner.

8:45
La main escharpe et la jambe bandee,
Longs puis nay de Calais portera,
Au mot du guet la mort sera tardee,
Puis dans le temple a Pasques saignera.

8:46
Pol mensolee mourra trois lieus du Rosne,
Fuis les deux prochains tarasc destrois:
Car Mars fera le plus horrible trosne,
De coq eet d'aigle de France freres trois.

8:47
Lac Trasmenien portera tesmoignage,
Des conjurez serez dedans Perouse,
Un despolle contrefera le sage:
Truant Tedesque de sterne et minuse.

8:48
Saturne en Cancer, Jupiter avec Mars,
Dedans Feurier Chaldondon salvaterre.
Sault Castalon affailly de trois pars,
Pres de Verbiesque conflit mortelle guerre.

8:49
Saturn: au beuf joue en l'eau, Mars en fleiche,
Six de Fevrier mortalité donra,
Ceux de Tardaigne a Briges si grand breche,
Qu'a Ponteroso chef Barbarin mourra.

8:50
La pestilence l'entour de Capadille,
Un autre faim pres de Sagont s'appreste:
Le chevalier bastard de bon senille,
Au grand de Thunes fera trancher la teste.

8:51
Le Bizantin faisant oblation,
Apres avoir Cordube a foy reprinse:
Son chemin long repos pamplation,
Mer passant proy par la Colongna prinse.

8:52
Le roy de Bloys dans Avignon regner.
D'amboise et seme viendra le long de Lyndre:
Ongle a Poytiers sainctes aesles ruiner,
Devant Boni.

8:53
Dedans Bolongne vouldra laver ses fautes,
Il ne pourra au temple du soleil,
Il volera faisant choses si haultes,
En hierarchie n'en fut oncq un pareil.

8:54
Soubz la colleur du traicté mariage,
Fait par magnamine par grand Chyren selin:
Quintin, Arras recouvrez au voyage,
D'espaignolz fait second banc macelin.

8:55
Entre deux fleuves se verra enserré,
Tonneaux et caques unis a passer outre:
Huict poutz rompus chef a tant enferré,
Enfans parfaictz sont jugetez en coultre.

8:56
La bande foible la terre occupera,
Ceux de hault lieux feront horribles cris:
Le gros troppeau d'estre coin troublera,
Tombe pres D. nebro descouvers les escris.

8:57
De soldat simple parviendra en empire,
De robe courte parviendra a la longue:
Vaillant aux armes en Eglise on plus pyre,
Vexer les prestres comme l'eau fait l'esponge.

8:58
Regne en querelle aux freres divisé,
Prendre les armes et le nom Britannique:
Tiltre Anglican sera tard advisé,
Surprins de nuict mener a l'air Gallique.

8:59
Par deux foix hault, par deux foix mis a bas,
L'orient aussi l'occident faiblira:
Son adversaire apres plusieurs combats,
Par mer chasse au besoin faillira.

8:60
Premier en Gaule, premier en Romaine,
Par mer et terre aux Angloys et Paris,
Merveilleux faitz par celle grand mesnie,
Violent terax perdra le NORLARIS.

8:61
Jamais par le descouvrement du jour,
Ne parviendra au signe sceptrifere:
Que tous ses sieges ne soient en sejour,
Portant du coq don du TAG amifere.

8:62
Lors qu'on verra expiler le saint temple,
Plus grand du rosne leurs sacrez profaner:
Par eux naistra pestilence si ample.
Roy fuit injuste ne fera condamner. 8:63
Quand l'adultere blessé sans coup aura,
Merdry la femme et les filz par despit,
Femme assoumee l'enfant estranglera:
Huit captifz prins, s'estouffer sans respit.

8:64
Dedans les isles les enfans transportez,
Les deux de sept seront en desespoir:
Ceux du terrouer en seront supportez,
Nom pelle prins des ligues fuy l'espoir.

8:65
Le vieux frustré du principal espoir,
Il parviendra au chef de son empire:

Vingt mois tiendra le regne a grand pouvoir,
Tiran, cruel en delaissant un pire.

8:66
Quand l'escriture D.M. trouvee,
Et caue antique a lampe descouverte,
Loy, Roy, et Prince Ulpian esprouvee,
Pavillon rogne et Duc sous la couverte.

8:67
PAR. CAR. NERSAF, a ruine grand discord,
Ne l'un ne l'autre aura election,
Nersaf du peuple aura amour et concorde,
Ferrare, Callonne grande protection.

8:68
Vieux Cardinal par le jeune deceu,
Hors de sa change se verra desarmé:
Arles ne monstres double soit aperceu,
Et liqueduct et le Prince embausmé.

8:69
Aupres du jeune le vieux ange baisser,
Et le viendra surmonter a la fin:
Dix ans esgaux aux plus vieux rabaisser,
De trois deux l'un huitiesme seraphin.

8:70
Il entrera vilain mechant, infame
Tyrannisant la Mesopotamie,
Tous amis faict d'adulterine d'ame,
Terre horrible noir de phisonomie.

8:71
Croistra le nombre si grand des astronomes
Chassez, bannis et livres censurez,
L'An mil six cents sept par sacre glomes,
Que nul aux sacres ne seront asseurez.

8:72
Champ Perusin d'enorme deffaite,
Et le conflict tout aupres de Ravenne,
Passage sacre lors qu'on fera la feste,

Vainqueur vaincu cheval manger la venne.

8:73
Soldat Barbare le grand Roy frappera,
Injustement non esloigné de mort
L'avare mere du fait cause sera,
Conjurateur et regne en grand remort.

8:74
En terre neufue bien auant Roy entré,
Pendant subges lui viendront faire acueil:
Sa perfidie aura tel rencontré,
Qu'aux citadins lieu de feste et recueil.

8:75
Le pere et fils seront meurdris ensemble,
Le prefecteur dedans son pavillon:
La mere a Tours du filz ventre aura enfle,
Criche verdure de failles papillon.

8:76
Plus Macelin que roy en Angleterre,
Lieu obscure nay par force aura l'empire:
Lasche sans foy sans loy saignera terre,
Son temps s'approche si presque je soupire.

8:77
L'antechrist trois bien tost annichilez,
Vingt et sept ans sang durera sa guerre:
Les heretiques mortz, captifs, exilez,
Sang corps humain eau rogi gresler terre.

8:78
Un bragamus avec la langue torte,
Viendra des dieux le sanctuaire:
Aux heretiques il ouvrira la porte,
En suscitant l'eglise militaire.

8:79
Qui par fer pere perdra nay de Nonnaire,
De Gorgon sur la sera sang perfetant:
En terre estrange fera si tant de taire,
Qui bruslera luy mesme et son enfant.

8:80
Des innocens le sang de vefue et vierge,
Tant de maulx faitz par moyen se grand Roge:
Saintz simulacres tremper en ardent cierge,
De frayeur crainte ne verra nul que boge.

8:81
Le neuf empire en desolation,
Sera changé du pole aquilonaire:
De la Sicile viendra l'esmotion,
Troubler l'emprise a Philip tributaire.

8:82
Ronge long, sec faisant du bon valet,
A la parfin n'aura que son congie:
Poignant poyson et lettres au collet,
Sera saisi eschappe en dangie.

8:83
Le plus grand voile hors de port de Zara,
Pres de Bisance fera son entreprinse,
D'ennemy parte et l'amy ne sera,
Le tiers a deux fera grand pille et prinse.

8:84
Paterne orra de la Sicile crie,
Tous les aprests du goulphre de Trieste,
Qui s'entendra jusque a la Trinacrie
Tant de voiles, fuy, fuiz, l'horrible peste.

8:85
Entre Bayonne et a Saint Jean de Lux
Sera posé de Mars la promottoire
Aux Hanix d'Aquilon Nanar hostera lux,
Puis suffocqué au lict sans adjutoire.

8:86
Par Arani Tholoser ville franque,
Bande infini par le mont Adrian,
Passe riviere, Hutin par pont la planque
Bayonne entrera tous Bihoro criant.

8:87
Mort conspiree viendra en plein effect,
Charge donnee et voyage de mort:
Esleu, cree receu par siens deffait.
Sang d'innocence devant foy par remort.

8:88
Dans la Sardaigne un noble Roy viendra,
Qui ne tiendra que trois ans le royaume.
Plusieurs couleurs auec soy conjoindra,
Luy mesmes apres soin someil marrit scome.

8:89
Pour ne tumber entre mains de son oncle,
Qui ses enfans par regner trucidez.
Orant au peuple mettant pied sur Peloncle
Mort et traisné entre chevaulx bardez.

8:90
Quand des croisez un trouvé de sens trouble,
En lieu du sacre verra un bœuf cornu:
Par vierge porc son lieu lors sera comble,
Par roy plus ordre ne sera soustenu.

8:91
Frymy les champs des Rodans entrees
Oa` les croysez seront presques unis,
Les deux brassieres en Pisces rencontrees
Et un grand nombre par deluge punis.

8:92
Loin hors du regne mis en hazard voyage
Grand host duyra pour soy l'occupera,
Le roy tiendra les siens captif ostrage
A son retour tout pays pillera.

8:93
Sept mois sans plus obtiendra prelature
Par son deces grand scisme fera naistre:
Sept mois tiendra un autre la preture
Pres de Venise paix, union renaistre.

8:94

Devant le lac ou plus cher fut getté
De sept mois, et son host desconfit
Seront Hispans par Albanois gastez,
Par delay perte en donnant le conflict.

8:95
Le seducteur sera mis en la fosse,
Et estaché jusques a quelque temps,
Le clerc uny le chef avec sa crosse
Pycante droite attraira les contens.

8:96
La synagogue sterile sans nul fruit
Sera receu entre les infideles,
De Babylon la fille du porsuit
Misere et triste lui trenchera les aisles.

8:97
A fin du VAR changer les pompotans,
Pres du rivage les trois beaux enfants naistre:
Ruyne au peuple par aage competans,
Regne au pays changer plus voir croistre.

8:98
Des gens d'eglise sang sera espandu,
Comme de l'eau en si grand abondance:
Et d'un long temps ne sera restranché,
Ve ve au clerc ruyne et doleance.

8:99
Par la puissance des trois rois tempoulz,
En autre lieu sera mis le saint siege:
Oa` la substance et de l'esprit corporel,
Sera remis et receu pour vray siege.

8:100
Pour l'abondance de larme respandue,
Du hault en bas par le bas au plus hault.
Trop grande foir par jeu vie perdue,
De soif mourir par habondant deffault.

9ᵉ centurie

9:1
Dans la maison du traducteur de Bourc
Seront les lettres trouvees dur la table,
Bourgne, roux, blanc chanu tiendra de cours,
Qui changera au nouveau connestable.

9:2
Du hault du mont Aventin voix ouye,
Vuydez vuidez de tous les deux costez,
Du sang des rouges sera l'ire assomie,
D'Arimin Prate, Columna debotez.

9:3
La magna vaqua a Ravenne grand trouble,
Conduictz par quinze enserrez a Fornase
A Rome naistre deux monstres a teste double
Sang, feu, deluges, les plus grands a l'espase.

9:4
L'an ensuyvant descouvertz par deluge,
Deux chefs esluez, le premier ne tiendra
De fuyr ombre a l'un d'eux le refuge,
Saccager case qui premier maintiendra.

9:5
Tiers doigt du pied au premier semblera
A un nouveau monarque de bas hault,
Qui Pyse et Lucques Tyran occupera
Du precedant corriger le deffaut.

9:6
Par la Guyenne infinité d'Anglais.
Occuperont par nom d'Anglaquitaine,
Du Languedoc Ispalme Bourdeloys,
Qu'ils nommeront apres Barboxitaine.

9:7
Qui ouvrira le monument trouvé,
Et ne viendra le serrer promptement.

Mal luy viendra, et ne pourra prouvé,
Si mieux doit estre roy Breton ou Normand.

9:8
Puisnay Roy fait son pere mettre a mort,
Apres conflit de mort tres inhonneste:
Escrit trouvé, soubson donra remort,
Quand loup chassé pose sus la conchette.

9:9
Quand lampe ardente de feu inextinguible
Sera trouvé au temple des Vestales,
Enfant trouvé feu, eau passant par trible:
Perir eau Nymes, Tholose cheoir les halles.

9:10
Moyne moynesse d'enfant mort exposé,
Mourir par ourse, et ravy par verrier,
Par Foix et Pamyes le camp sera posé
Contre Tholose Carcas dresser forrier.

9:11
Le juste mort a tort a mort l'on viendra mettre
Publiquement et du millieu estaint:
Si grande peste en ce lieu viendra naistre,
Que les jugeans fouyr seront constraint.

9:12
Le tant d'argent de Diane et Mercure,
Les simulachres au lac seront trouvez,
Le figulier cherchant argille neufve
Luy et les siens d'or seront abbrevez.

9:13
Les exilez autour de la Soulonge
Condus de nuit pour marcher a Leuxois,
Deux de Modenne truculent de Boulogne,
Mis descouvers par feu de Burancois.

9:14
Mis en planure chaulderons d'infecteurs,
Vin, miel et huyle et bastis sur fourneaulx
Seront plongez, sans mal dit malfacteurs

Sept fum extaint au canon des borneaux.

9:15
Pres de Parpan les rouges detenus,
Ceux du milieu parpondrez menez loing:
Trois mis en pieces, et cinq mal soustenus,
Pour le Seigneur et Prelat de Bourgoing.

9:16
De castel Franco sortira l'assemblee,
L'ambassadeur non plaisant fera scisme:
Ceux de Ribiereseront en la meslee,
Et au grand goulphre desnier ont l'entree.

9:17
Le tiers premier pis que ne fait Neron,
Vuidez vaillant que sang humain respandre:
R'edifier fera le forneron,
Siecle d'or mort, nouveau roy grand esclandre.

9:18
Le lys Dauffois portera dans Nancy,
Jusques en Flandres electeur de l'Empire
Neufve obturee au grand Montmorency,
Hors lieux provez delivre a clere peyne.

9:19
Dans le millieu de la forest Meyenne,
Sol au lyon la fouldre tombera:
Le grand bastard yssu du grand du Maine,
Ce jour fougeres pointe en sang entrera.

9:20
De nuict viendra par la forest de Reines,
Deux pars vaultort Herne la pierre blanche.
Le maine noir en gris dedans Varennes,
Esleu cap. cause tempeste, feu sang tranche.

9:21
Au temple hault de Bloys sacre Solonne,
Nuict pont de Loyre Prelat, roy pernicant
Curseur victoire aux marestz de la lone,
Don prelature de blancs abormeant.

9:22
Roy et sa court au lieu de langue halbe,
Dedans le temple vis a vis du palais.
Dans le jardin Duc de Mantor et d'Albe,
Albe et Mantor poignard langue et palais.

9:23
Puisnay jouant au fresch dessouz la tonne,
Le hault du toict du milieu sur la teste,
Le pere roy au temple fait Solonne,
Sacrifiant sacrera fum de feste.

9:24
Sur le palais au rochier des fenestres,
Seront ravis les deux petits royaux,
Passer aurelle Luthece, Denis cloistres,
Nonain, mallods avaller vers noyaulx.

9:25
Passant les ponts venir pres de rosiers,
Tard arrivé plustost qu'il cuidera,
Viendront les noves espaingnolz a Beziers,
Qu'icelle chasse emprinse cassera.

9:26
Nice sortie sur nom des lettres aspres,
La grande cappe fera present non sien:
Proche de Vultry aux murs de vertes capres,
Apres plombin le vent a bon essien.

9:27
De bois la garde, vent chez rond pont sera,
Hault le receu frappera le Daulphin,
Le vieux teccon bois unis passera,
Passant plus oultre du Duc le droit confin.

9:28
Voille Symacle port Massiliolique,
Dans Venise port marcher aux Panons:
Partir du goulfre et Sinus Illyrique,
Vast a Socile, Ligures coups de canons.

9:29
Lors que celuy qu'a nul ne donne lieu,
Abandonner vouldra lieu prins non prins:
Feu neuf par saignes, butiment a Charlieu,
Seront Quintin Balez reprins.

9:30
Au port de P.U.O.L.A. et de saint Nicolas,
Perir Normande au goulfre phanatique,
Cap. de Bisance raues crier helas,
Secours de Gaddez et du grand Philipique.

9:31
Le tremblement de terre a Montara,
Cassich saint George a demy perfondrez,
Paix assoupie la guerre esveillera,
Dans temple a Pasques abysmes enfondrez.

9:32
De fin porphire profond collon trouvee
Dessoubz la laze escriptz capitolin:
Os poil retors Romain force prouvee,
Classe agiter ay port de Methelin.

9:33
Hercules Roy de Romme et d'Annemarc
De Gaule trois Guion surnommé,
Trembler l'Italie et l'unde de sainct Marc
Premier sur tous monarque renommé.

9:34
Le part solus mary sera mitré,
Retour conflict passera sur le thuille:
Par cinq cens un trahyr sera tiltré,
Narbon et Saulce par conteaux avons d'huile.

9:35
Et Ferdinand blonde sera descorte,
Quitter la fleur, suyvre le Macedon,
Au grand besoin de faillira sa routte,
Et marchera contre le Myrmidon.

9:36
Un grand Roy prins entre les mains d'un Joyne,
Non loing de Pasque confusion coup coultre:
Perpet. captifs temps que fouldre en la husne,
Lors que trois freres se blesseront et meutre.

9:37
Pont et malins en Decembre versez,
En si haut lieu montera la Garonne:
Murs, edifices, Tholose renversez,
Qu'on ne scaura son lieu avant matronne.

9:38
L'entree de Blaye par Rochelle et l'Anglois,
Passeraontre le grand Aemathien
Non loing d'Agen attendr le Gaulois,
Secours Narbonne deceu par entretien.

9:39
En Arbissel a Veront et Carcari,
De nuict conduitz par Savonne attrapper,
Le vifz Gascon Turbi, et la Scerry
Derrier mur vieux et neuf palais gripper.

9:40
Pres de Quintin dans la forest bourlis,
Dans l'Abbaye seront Flamens ranches:
Les deux puisnays de coups my estourdis,
Suitte oppressee et garde tous achés.

9:41
Le grand Chyren soy saisir Avignon,
De Rome letres en miel plein d'amertume
Letre ambassade partir de Chanignon,
Carpentras pris par duc noir rouge plume.

9:42
De Barcellonne, de Gennes et Venise
De la Secille peste Monet unis:
Contre Barbare classe prendront la vise,
Barbare pulse bien loing jusqu'a Thunis.

9:43
Proche a descendre l'armee Crucigere,

Sera guettez par les Ismaelites,
De tous cottez batus par nef Raviere,
Prompt assaillis de dix galeres eslites.

9:44
Migres migre de Genesve trestous.
Saturne d'or en fer se changera,
Le contre RAYPOZ exterminera tous,
Avant l'a ruent de ciel signes fera.

9:45
Ne sera soul jamais de demander,
Grand Mendosus obtiendra son empire:
Loing de la cour fera contremander
Pymond, Picard, Paris Tyrron le pire.

9:46
Vuydez fuyez de Tholose les rouges,
Du sacrifice faire expiation.
Le chef du mal dessouz l'ombre des courges:
Mort estranger carne omination.

9:47
Les soulz signez d'indigne delivrance,
Et de la multe auront contre advis:
Change monarque mis en perille pence,
Serrez en caige le verront vis a vis.

9:48
La grand cité d'occean maritime,
Environnee de maretz en cristal:
Dans le solstice hyemal et la prime,
Sera tempté de vent espouvantal.

9:49
Gand et Bruceles marcheront contre Envers,
Senat du Londres mettront a mort leur Roy
Le sel et vin luy seront a l'envers,
Pour eux auoir le regne en desarroy.

9:50
Mandosus tost viendra a son hault regne,
Mettant arriere vn peu les Nolaris:

Le rouge blaisme, le masle a l'interregne,
Le jeune crainte et frayeur Barbaris.

9:51
Contre les rouges sectes se banderont,
Feu, eau, fer, corde par paix se minera:
An point mourir ceux qui machineront,
Fors un que monde sur tout ruynera.

9:52
La paix s'approche d'un costé, et la guerre,
Oncques ne feut la poursuitte si grande:
Plaindre homme, femme, sang innocent par terre,
Et ce fera de France a toute bande.

9:53
Le Neron jeune dans le trois cheminees,
Fera de paiges vifs pour ardoir getter,
Heureux qui loing sera de telz menees,
Trois de son sang le feront mort guetter.

9:54
Arrivera au port de Corsibonne,
Pres de Ravenne, qui pillera la dame,
En mer profonde legat de la Ullisbonne,
Souz roc cachez raviront septante ames.

9:55
L'horrible guerre qu'en l'occident s'apreste,
L'an ensuivant viendra la pestilence
Si fort l'horrible que jeune, vieux, ne beste,
Sang, feu. Mercure, Mars, Jupiter en France.

9:56
Camp pres de Noudam passera Goussan ville,
Et a Maiotes laissera son ensigne,
Convertira en instant plus de mille,
Cherchant les deux remettre en chaine et legne.

9:57
Au lieu de DRUX un Roy reposira,
Et cherchera loy changeant d'Anatheme:
Pendant le ciel si tres fort tonnera,

Portera neufve Roy tuera soymesme.

9:58
Au costé gauche a l'endroit de Vitry,
Seront guettez les trois rouges de France;
Tous assomez rouge, noir non murdry,
Par les Bretons remis en asseurance.

9:59
A la Ferté prendra la Vidame,
Nicol tenu rouge qu'avoit produit la vie:
La grand Loisne naistra que fera clame,
Donnant Bourgongne a Bretons par envie.

9:60
Conflict Barbar en la Cornere noire,
Sang espandu, trembler la d'Almatie,
Grand Ismael mettra son promontoire,
Ranes trembler secours Lusitanie.

9:61
La pille faite a la coste marine, La cita nova et parents amenez
Plusieurs de Malte par le fait de Messine,
Estroit serrez seront mal guardonnez.

9:62
Au grand de Cheramon agora,
Seront croisez par ranc tous attachez,
Le pertinax Oppie, et Mandragora,
Rougon d'Octobre le tiers seront laschez.

9:63
Plainctes et pleurs cris, et grands urlemens
Pres de Narbon a Bayonne et en Foix,
O quel horribles calamitz changemens,
Avant que Mars revolu quelques fois.

9:64
L'Aemathion passer montz Pyrenees,
En Mars Narbon ne fera resistance,
Par mer et terre fera si grand menee,
Cap. n'ayant terre seure pour demeurance.

9:65
Dedans le coing de Luna viendra rendre
Oa` sera prins et mis en terre estrange,
Les fruitz immeurs seront a grand esclandre,
Grand vitupere, a l'un grande louange.

9:66
Paix, union sera et changement,
Estatz, offices bas hault et hault bien bas.
Dresser voyage, le fruict premier torment,
Guerre cesser, civil proces debatz.

9:67
Du hault des montz a l'entour de Lizer
Port a la roche Valen cent assemblez
De Chasteau neuf Pierre late en donzere,
Contre le crest Romans foy assemblez.

9:68
Du mont Aymar sera noble obscurcie,
Le mal viendra au joinct de sonne et rosne.
Dans bois caichez soldatz jour de Lucie
Qui ne fut onc un si horrible throsne.

9:69
Sur le mont de Bailly et la Bresle
Seront caichez de Grenoble les fiers
Oultre Lyon, Vien eulx si grand gresle,
Langoult en terre n'en restera vn tiers.

9:70
Harnois trenchant dans les flambeaux cachez,
Dedans Lyon, le jour du Sacremont,
Ceux de Vienne seront trestous hachez,
Par les cantons Latins Mascon ne ment.

9:71
Aux lieux sacrez animaux veu a trixe,
Avec celuy qui n'osera le jour.
A Carcassonne pour disgrace propice,
Sera posé pour plus ample sejour.

9:72
Encor seront les saincts temples pollus,
Et expillez par Senat Tholossain,
Saturne deux trois cicles revollus,
Dans Avril, May, gens de nouveau levain.

9:73
Dans Foix entrez Roy ceiulee Turbao
Et regnera moins revolu Saturne,
Roy Turban blanc Bisance cœur ban,
Sol, Mars, Mercure pres la hurne.

9:74
Dans la cité de Fersod homicide,
Fait et fait multe beuf arant ne macter,
Retours encores aux honneurs d'Artemide,
Et a Vulcan corps morts sepultures.

9:75
De l'Ambraxie et du pays de Thrace
Peuple par mer mal et secours Gaulois,
Perpetuelle en Provence la trace,
Avec vestiges de leurs coustume et loix.

9:76
Avec le noir Rapax et sanguinaire,
Yssu du peaultre de l'inhumain Neron,
Emmy deux fleuves main gauche militaire,
Sera murtry par Jone cheulveron.

9:77
Le regne prins le Roy conujera,
La dame prinse a mort jurez a sort,
La vie a Royne fils on desniera,
Et la pellix au fort de la confort.

9:78
La dame Grecque de beauté laydique,
Heureuse faicte de procs innumerable,
Hors translater en regne Hispanique,
Captive prinse mourir mort miserable.

9:79
Le chef de classe par fraude stratageme,

Fera timides sortir de leurs galleres,
Sortis meutris chefs renieur de cresme,
Puis par l'embusche lui rendront le saleres.

9:80
Le Duc voudra les siens exterminers,
Envoyera les plus forts lieux estranges,
Par tyrannie Pyze et Luc ruinera,
Puis les Barbares sans vin feront vendanges.

9:81
Le Roy rusé entendra ses embusches,
De trois quartiers ennemis affaillir,
Un nombre estranges larmes de coqueluches,
Viendra Lemprin du traducteur faillir.

9:82
Par le deluge et pestilence forte,
La cité grande de long temps assiegee:
La sentinelle et garde de main morte,
Subite prinse, mais de nul oultragee.

9:83
Sol vingt de Taurus si fort de terre trembler,
Le grand theatre remply ruinera:
L'air, ciel et terre obscurcir et troubler,
Lors l'infidelle Dieu et sainctz voguera.

9:84
Roy exposé parfaira l'hecatombe,
Apres avoir trouué son origine:
Torrent ouvrir de marbre et plomb la tombe,
D'un grand Romain d'enseigne Medusine.

9:85
Passer Guienne, Languedoc et le Rosne,
D'Agen tenans de Marmande & la Roole,
D'ouvrir par foy par roy, Phocen tiendra son trosne
Conflict aupres saint Pol de Mauseole.

9:86
Du bourg Lareyne ne parviendront droit a Chartres,
Et feront pres du pont Anthoni panse,

Sept pour la paix cantelleux comme martres.
Feront entree d'armee a Paris clause.

9:87
Par la forest du Touphon essartee,
Par hermitage sera posé le temple,
Le Duc d'Estampes par sa ruse inventee.
Du mont Lehori prelat donra exemple.

9:88
Calais Arras, secours a Theroanne,
Paix et semblant simulera l'escoutte,
Soulde d'Alabrox descendre par Roane
Destornay peuple qui deffera la routte.

9:89
Sept ans sera Philip fortune prospere.
Rabaissera des Arabes l'effaict,
Puis son midy perplex rebours affaire,
Jeune ognion abismera son fort.

9:90
Un capitaine de la grand Germanie
Se viendra rendre par simulé secours
Un roy des roys aide de Pannonie,
Que sa revolte fera de sang grand cours.

9:91
L'horrible peste Perynte et Nicopolle,
Le Chersonnez tiendra et Marceloyne,
La Thessalie vastera l'Amphipolle,
Mal incogneu et le refus d'Anthoine.

9:92
Le roy vouldra en cité neuf entrer,
Par ennemis expugner l'on viendra
Captif libere faulx dire et perpetrer,
Roy dehors estre, loin d'ennemis tiendra.

9:93
Les ennemis du fort bien eslongnez,
Par chariots conduict le bastion,
Par sur les murs de Bourges esgrongnez,

Quand Hercules battra l'Haemathion.

9:94
Foibles galeres seront unies ensemble,
Ennemis faux le plus fort en rampart:
Faible assaillies Vratislaue tremble,
Lubecq et Mysne tiendront barbare part.

9:95
Le nouveau faict conduira l'exercite,
Proche apamé jusques au pres de rivage:
Tendant secours de Millannoile eslite,
Duc yeux privé a Milan fer de cage.

9:96
Dans cité entrer excercit desniee,
Duc entrera par persuasion,
Aux foibles portes clam armee amenee,
Mettront feu, mort, de sang effusion.

9:97
De mer copies en trois parts divisee,
A la seconde les vivres failliront,
Desesperez cherchant champs Helisees,
Premiers en breche entrez victoire auront.

9:98
Les affligez par faute d'un seul taint,
Contremenant a partie opposite,
Aux Lygonnois mandera que contraint
Seront de rendre le grand chef de Molite.

9:99
Vent Aquilon fera partir le siege,
Par murs gerer cendres, chauls, et poussiere:
Par pluye apres, qui leur fera bien piege,
Dernier secours encontre leur frontiere.

9:100
Navalle pugne nuit sera superee.
Le feu aux naves a l'Occident ruine:
Rubriche neufue, la grand nef coloree,
Ire a vaincu, et victoire en bruine.

10ᵉ centurie

10:1
A L'ennemy, l'ennemy foy promise
Ne se tiendre, les captifs retenus:
Prins preme mort, et le reste en chemise.
Damné le reste pour estre soustenus.

10:2
Voille gallere voil de nef cachera,
La grande classe viendra sortir la moindre,
Dix naves proches tourneront poulser,
Grande vaincue unis a foy joindre.

10:3
En apres cinq troupeau ne mettra hors un
Fuytif pour Penelon l'aschera,
Faulx murmurer, secours venir par lors,
Le chef le siege loys habandonnera.

10:4
Sus la minuict conducteur de l'armee
Se saulvera subit evanouy,
Sept ans apres la fame non blasmee,
A son retour ne dira onc ouy.

10:5
Albi et Castres feront nouvelle lique,
Neuf Arriens Lisbons et Portugues,
Carcas, Tholosse consumeront leur brigue,
Quand chef neuf monstre de Lauragues.

10:6
Sardou Nemans si hault desborderont,
Qu'on cuidera Ducalion renaistre,
Dans le collosse la plus part fuyront,
Vesta sepulchre feu estaint apparoistre.

10:7
Le grand conflit qu'on appreste a Nancy,
L'Aemathieu dira tout je soubmetz,

L'isle Britanne par vin, sel, en solcy,
Hem. mi deux Phi. long temps ne tiendra Metz.

10:8
Index et poulse parfondra le front,
De Senegalia le Conte a son filz propre,
La Myrnarmee par plusieurs de prin front,
Trois dans sept jours blesses mors.

10:9
De Castillion figuires jour de brune,
De fame infame naistra souverain prince:
Surnon de chausses perhume luy posthume,
Onc Roy ne faut si pire en sa province.

10:10
Tasche de murdre, enormes adulteres,
Grand ennemy de tout le genre humain:
Que sera pire qu'ayeulx, oncles ne peres,
Enfer, feu, eau, sanguin et inhumain.

10:11
Debbouz louchere du dangereux passage,
Fera passer le posthume sa bande.
Les monts Pyrens passer hors son bagaige,
De Perpignam courira duc a tende.

10:12
Esleu en Pape, d'esleu sera mocqué,
Subit soudain esmeu prompt et timide,
Par trop bon doulz a mourir provoqué,
Crainte estainte la nuit de sa mort guide.

10:13
Soulz la pasture d'animaux ruminant,
Par eux conduicts au ventre herbipolique,
Soldatz caichez, les armes bruit menant,
Non loing temptez de cité Antipolique.

10:14
Urnel Vaucile sans conseil de soy mesmes,
Hardit timide, par crainte prins vaincu,
Accompaigné de plusieurs putains blesmes.

A Barcellonne aux chartreux convaincu.

10:15
Pere duc vieux d'ans et de soif chargé,
Au jour extreme filz desniant lesguiere
Dedans le puis vif mort viendra plongé.
Senat au fil la mort longue et legiere.

10:16
Heureux au regne de France, heureux de vie,
Ignorant sang, mort fureur et rapine,
Par nom flateurs seras mis en enuie,
Roy desrobé, trop de foy en cuisine.

10:17
La royne Ergaste voyant sa fille blesme,
Par un regret dans l'estomac encloz,
Crys lamentables seront lors d'Angoulesme,
Et au gemain mariage fort clos.

10:18
Le ranc Lorrain fera place a Vendosme,
Le hault mis bas, et le bas mis en hault,
Le filz d'Hamon sera esleu dans Rome,
Et les deux grands seront mis en deffaut.

10:19
Jour que sera par royne saluee,
Le jour apres le salut, la priere
Le compte fait raison et valbuee,
Par avant humbles oncques ne feut si fiere.

10:20
Tous les amys qu'auront tenu party,
Pour rude en lettres mis mort et saccagé.
Biens publiez pat fixe grand neanty,
Onc Romain peuple ne feut tant outragé.

10:21
Par le despit du Roy soustenant moindre,
Sera meurdry luy presentant les bagues:
Le pere au filz voulant noblesse poindre,
Fait comme a Perse jadis feirent les Mague:

10:22
Pour ne vouloir consentir a divorce,
Qui puis apres sera cogneu indigne:
Le Roy des Isles sera chassé par force,
Mais a son lieu que de roy n'aura signe.

10:23
Au peuple ingrat faictes les remonstrances,
Par lors l'armee se saisira d'Antibe,
Dans l'arc Monech feront les doleances,
Et a Frejus l'un l'autre prendra ribe.

10:24
Le captif prince aux Italles vaincu
Passera Gennes par mer jusqu'a Marseille,
Par grand effort des forens survaincu
Sauf coup de feu barril liqueur d'abeille.

10:25
Par Nebro ouvrir de Brisanne passage,
Bien eslongez el tago fara muestra,
Dans Pelligauxe sera commis l'outrage,
De la grand dame assise sur l'orchestra.

10:26
Le successeur vengera son beau frere,
Occuper regne souz umbre de vengeance,
Occis ostacle son sang mort vitupere,
Long temps Bretaigne tiendra avec la France.

10:27
Par le cinquieme et un grand Hercules
Viendront le temple ouvrir de main bellique,
Un Clement, Iule et Ascans recules,
L'espee, clef, aigle, n'eurent onc si grand picque.

10:28
Second et tiers qui font prime musicque
Sera par Roy en honneur sublimee,
Par grasse et maigre presque demy eticque
Rapport de Venus faulx rendra deprimee.

10:29
De Pol MANSOL dans caverne caprine
Caché et prins extrait hors par la barbe,
Captif mene comme beste mastine
Par Begourdans amenee pres de Tarbe.

10:30
Nepueu et sang du sainct nouveau venu,
Par le surnom soustient arcs et couvert
Seront chassez mis a mort chassez nu,
En rouge et noir convertiront leur vert.

10:31
Le saint Empire, viendra en Germanie
Ismaelites trouveront lieux ouverts,
Anes vouldront aussi la Carmanie,
Les soustenens de terre tous converts.

10:32
Le grand empire chacun an devoir estre,
Un sur les autres le viendra obtenir:
Mais peu de temps sera son regne et estre,
Deux ans naves se pourra soustenir.

10:33
La faction cruelle a robbe longue,
Viendra cacher souz ses pointus poignards,
Saisir Florence le Duc et lieu diphlongue,
Sa descouverte par immeurs et flaugnards.

10:34
Gaulois qu'empire par guerre occupera,
Par son beau frere mineur sera trahy,
Par cheval rude voltigiant trainera,
Du fait le frere long temps sera hay.

10:35
Puisnay royal flagrand d'ardent libide,
Pour se jouyr de cousine germaine:
Habit de femme au temple d'Arthemide:
Allant murdry par incognu du Marne.

10:36

Apres le Roy du saucq guerres parlant,
L'isle Harmotique le tiendra a mespris,
Quelques ans bous rongeant un et pillant,
Par tyrranie a l'isle changeant pris.

10:37
L'assemblee grande pres du lac de Borget,
Se ralieront pres de Montmelian,
Marchans plus oultre pensifz feront proget
Chambry, Moraine combat sainct Julian.

10:38
Amour alegre non loing pose le siege,
Au sainct barbar seront les garnisons:
Ursins Hadrie pour Galois feront plaige,
Pour peur rendus de l'armee du Grisons.

10:39
Premier fils veufve malheureux marriage,
Sans nuls enfans deux isles en discord,
Avant dixhuict incompetant eage,
De l'autre pres plus bas sera l'accord.

10:40
Le jeune nay au regne Britannique,
Qu'aura le pere mourant recommandé,
Iceluy mort LONOLE donra topique,
Et a son fils le regne demandé.

10:41
En la frontiere de Caussade et Charlus,
Non guieres loing du fonds de la vallee:
De ville franche musicque a son de luths,
Environnez combouls et grand mytee.

10:42
Le regne humain d'Anglique geniture,
Fera son regne paix union tenir,
Captive guerre demy de sa closture,
Long temps la paix leur fera maintenir.

10:43
Le trop bon temps trop de bonté royale,

Fais et deffois prompt subit negligence.
Legier croira faux despouse loyalle,
Luy mis a mort par benevolence.

10:44
Par lors qu'un Roy sera contre les siens,
Natifs de Blois subjugera Ligures,
Mammel, Cordube et les Dalmatiens,
Des sept puis l'ombre a Roy estrennes et lemurs.

10:45
L'ombre du regne de Navarre non vray,
Fera la vie de fort illegitime:
La veu promis incertain de Cambray,
Roy Orleans donra mur legitime.

10:46
Vie sort mort de l'OR vilaine indigne,
Sera de Saxe non nouveau electeur:
De Brunsuic mandra d'amour signe,
Faux le rendant aux peuple seducteur.

10:47
De Bourze ville a la dame Guyrlande,
L'on mettra sur par la trahison faicte,
Le grand prelat de leon par Formande,
Faux pelerins et ravisseurs defaicte.

10:48
Du plus profond de l'Espaigne enseigne,
Sortant du bout et des fins de l'Europe,
Troubles passant aupres du pont de Laigne,
Sera deffaicte par bands sa grand troppe.

10:49
Jardin du monde aupres du cité neufve,
Dans le chemin des montaignes cavees,
Sera saisi et plongé dans la Cuve,
Beuvant par force eaux soulfre envenimees.

10:50
La Meuse au jour terre de Luxembourg,
Descouvrira Saturn et trois en lurne:

Montaigne et plein, ville cité et bourg,
Lorrain deluge, trahison par grand hurne.

10:51
Des lieux plus bas du pays de Lorraine,
Seront des basses Allemaignes unis:
Par ceux du siege Picards, Normans, du Maisne,
Et aux cantons ce seront reunis.

10:52
Au lieu oa` LAYE et Scelde se marient,
Seront les nopces de long temps maniees:
Au lieu d'Anvers oa` la crappe charient,
Jeune vieillesse consorte intaminee.

10:53
Les trois pellices de loing s'entrebatron,
La plus grand moindre demeurera a l'escoute:
Le grand Selin n'en fera plus patron,
Le nommera feu pelte blanche routte.

10:54
Nee en ce monde par concubine fertive,
A deux hault mise par les tristes nouvelles,
Entre ennemis sera prinse captive,
Et amenee a Malings et Bruxelles.

10:55
Les malheureuses nopces celebreront
En grande joye mais la fin malheureuse,
Mary et mere nore desdaigneront,
Le Phybe mort, et nore plus piteuse.

10:56
Prelat royal son baissant trop tiré,
Grand fleux de sang sortira par sa bouche,
Le reign Anglique par regne respiré,
Long temps mort vif en Tunis comme souche.

10:57
Le soublevé ne cognoistra son sceptre,
Les enfants jeunes des plus grands honnira:
Oncques ne fut un plus ord cruel estre,

Pour leurs espouses a mort noir bannira.

10:58
Au temps du dueil que le felin monarque
Guerroyera le jeune Aemathien:
Gaule bansler, perecliter la barque,
Tenter Phossens au Ponant entretien.

10:59
Dedans Lyons vingtcinq d'une alaine,
Cinq citoyens Germains, Bressane, Latins,
Par dessous noble conduiront longue traine.
Et descouverts par abbois les matins.

10:60
Je pleure Nisse, Mannego, Pize, Gennes,
Savone, Sienne, Capue Modene, Malte:
Le dessus sang et glaive par estrennes,
Feu, tremblera terre, eau malheureuse nolte.

10:61
Betta, Vienne, Emorre, Sacarbance,
Voudront livrer au Barbares Pannone:
Par picque et feu enorme violance,
Les conjurez descouvers par matrone.

10:62
Pres de Sorbin pour affaillir Ongrie,
L'herault de Bude les viendra advertir:
Chef Bisantin, Sallon de Sclavonie,
A loy d'Arabes les viendra convertir.

10:63
Cydron, Raguse, la cité au sainct Hieron,
Reverdira le medicant succours,
Mort fils de Roy par mort de deux heron,
L'Arabe, Ongrie feront un mesme cours.

10:64
Pleure Milan, pleure Luques, Florance,
Que ton grand Duc sur le char montera,
Changer le siege pres de Venise s'advance,
Lors que Colomne a Rome changera:

10:65
O vaste Romone ta ruyne s'approche,
Non de tes murs, de ton sang et substance
L'aspre par lettres fera si horrible coche,
Fer poinctu mis a tous jusques au manche.

10:66
Le chef de Londres par regne l'Americh,
L'isle d'Escosse tempiera par gellee:
Roy Reb auront un si faux Antechrist,
Que les mettra trestous dans la meslee.

10:67
Le tremblement si fort au mois de may,
Saturne, Caper, Jupiter, Mercure au beuf:
Venus aussi, Cancer, Mars, en Nonnay,
Tombera gresse lors plus grosse qu'un euf.

10:68
L'armee de mer devant cité tiendra,
Puis partira sans faire langue alee,
Citoyens grande proye en terre prendra,
Retourner classe reprendre grande emblee.

10:69
Le fait luysant de neuf vieux esleué,
Seront si grand par midy, aquilon:
De sa seur propre grande alles levé.
Guyant meurdry au buisson d'Ambellon.

10:70
L'œil par object fera telle excroissance,
Tant et ardente que tumbera la neige:
Champ arrousé viendra en descroissance,
Que le primat succombera a Rege.

10:71
La terre et l'air gelleront si grand eau,
Lors qu'on viendra pour jeudy venerer,
Ce qui sera jamais ne feut si beau,
Des quatre pars le viendront honnorer.

10:72
L'an mil neuf cens nonante neuf sept mois,
Du ciel viendra vn grand Roy d'effrayeur:
Resusciter le grand Roy d'Angolmois,
Avant que Mars regner par bonheur.

10:73
Le temps present avecques le passé,
Sera jugé par grand Jovialiste,
Le monde tard luy sera lassé,
Et desloyal par le clergé juriste.

10:74
Au revolu du grand nombre septiesme
Apparoistra au temps Jeux d'Hecatombe:
Non esloigné du grand eage milliesme,
Que les entres sortiront de leur tombe.

10:75
Tant attendu ne reviendra jamais
Dedans l'Europe en Asie apparoistra
Un de la ligue yslu du grand Hermes,
Et sur tous Roys des orientz croistra.

10:76
Le grand senat discernera la pompe,
A l'un qu'apres sera vaincu chassé,
Ses adherans seront a son de trompe
Biens publiez ennemis deschassez.

10:77
Trente adherens de l'ordre des quiretres
Bannis, leurs biens donnez ses adversaires:
Tous leurs bienfais seront pour desmerites,
Classe espargie delivrez aux consaires.

10:78
Subite joye en subite tristesse,
Sera a Romme aux graces embrassees.
Deuil, cris, pleurs, larm. sang, excellent liesse
Contraires bandes surprinses et troussees.

10:79
Les vieux chemins seront tous embelis,
Lon passera a Memphis somentree,
Le grand Mercure d'Hercules fleur de lys,
Faisant trembler terre, mer et contree.

10:80
Au regne grand du grand regne regnant,
Par force d'armes les grands portes d'airain
Fera ouvrir, le roy et duc joignant,
Port demoly, nef a fons jour serain.

10:81
Mis tresor temple citadins Hesperiques,
Dans iceluy retiré en secret lieu,
Le temple ouvrir les liens fameliques,
Reprens, ravis, proye horrible au milieu.

10:82
Cris, pleurs, larmes viendront avec coteaux
Semblant fouir, donront dernier assault,
L'entour parques planter profons plateaux,
Vifs repoulsez et meurdris de prinsault.

10:83
De batailler ne sera donné signe,
Du parc seront contraint de sortir hors:
De Gand l'entour sera cogneu l'ensigne,
Qui fera mettre de tous les siens a mors.

10:84
La naturelle a si hault hault non bas,
Le tard retour fera marris contens:
Le Recloing ne sera sans debatz,
En empliant et perdant tout son temps.

10:85
Le vieil tribung au point de la trehemide.
Sera pressee, captif ne deslivrer,
Le veuil, non veuil ne mal parlant timide,
Par legitime a ses amis livrer.

10:86
Comme un gryphon viendra le roy d'Europe,

Accompaigné de ceux d'Aquilon,
De rouges et blancz conduira grand trappe,
Et iront contre le roy de Babylon.

10:87
Grand roy viendra prendre port pres de Nisse,
Le grand empire de la mort si enfera
Aux Antipolles, posera son genisse,
Par mer la Pille tout esvanoyra.

10:88
Piedz et cheval a la seconde veille,
Feront entree vastient tout par la mer:
Dedans la poil entrera de Marseille,
Pleurs, crys, et sang, onc nul temps si amer.

10:89
De brique en marbre seront les murs reduits,
Sept et cinquante annees pacifiques:
Joye aux humains, renoué Laqueduict,
Santé, grandz fruict, joye et temps melifique.

10:90
Cent fois mourra le tyran inhumain,
Mis a son lieu scavant et debonnaire,
Tout le Senat sera dessoubz sa main,
Faché sera par malin themeraire.

10:91
Clergé Romain l'an mil six cens et neuf,
Au chef de l'an feras election:
D'un gris et noir de la Compagne yssu,
Qui onc ne feut si maling.

10:92
Devant le pere l'enfant sera tué,
Le pere apres entre cordes de jonc
Genevois peuple sera esvertue,
Gisant le chef au milieu comme un tronc.

10:93
La barque neufve recevra les voyages,
La et aupres transferont l'empire,

Beaucaire, Arles retiendront les hostages,
Pres deux colomnes trouvees de paphite.

10:94
De Nismes d'Arles, et Vienne contemner,
N'obey a l'edict Hespericque:
Aux labouriez pour le grand condamner,
Six eschappez en habit seraphicque.

10:95
Dans les Espaignes viendra Roy trespuissant,
Par mer et terre subjugant or midy,
Ce ma fera rabaissant le croissant,
Baisser les aesles a ceux du vendredy.

10:96
Religion du nom de mers vaincra,
Contre le secte fils Adaluncatif,
Secte obstinee deploree craindra
Des deux blessez par Aleph et Aleph.

10:97
Triremes pleines tout aage captif,
Temps bon a mal, le doux pour amertume;
Proye a Barbares trop tost seront hastifs,
Cupid de veoir plaindre au vent la plume.

10:98
La splendeur claire a pucelle joyeuse,
Ne luyra plus, long temps sera sans sel:
Avec marchans, ruffiens, loups odieuse,
Tous pesle mesle monstre universelle.

10:99
La fin le loup, le lyon, beuf, et l'asne,
Timide dama seront avec mastins,
Plus ne cherra a eux la douce manne,
Plus vigilance et custode aux mastins.

10:100
Le grand empire sera par Angleterre,
Le pempotam des ans de trois cens:
Grandes copies passer par mer et terre,

Les Lusitains n'en seront pas contens.